No More Drama in deinen Beziehungen

Beziehungsratgeber

Steffen Raebricht

Vierte, überarbeitete Neuauflage
©2020 Raebricht, Steffen

Herstellung und Verlag:
BoD – Books on Demand,
Norderstedt

ISBN: 9783752661958

Inhalt

Danksagung

Rainer Thiele Fölsch für das Lehren der Transaktionsanalyse.

Viola Schenkel für die viele Geduld beim Erstellen der Inhalte.

Bernd Taglieber, Jürg Bolliger und Andreas Tenhagen für das inhaltliche Feedback.

Sebastian Kaiser, Claudia Rothe und Corinna Reupke für das Korrekturlesen.

Anne Hennig für das Layout und die grafische Umsetzung.

Dem größeren Ganzen, das mir die Ressourcen und die Kraft dazu gegeben hat.

1. Wer bin ich und warum schreibe ich dieses Buch?

Ich kann nicht sagen, dass ich aus ärmlichen Verhältnissen stamme oder in einer benachteiligten Umgebung aufgewachsen bin. Es gab immer ein Dach über dem Kopf, genügend zu essen und eine gute Schulausbildung. Dennoch mangelte es mir an etwas, das mein ganzes Leben beeinflussen sollte, und das war Liebe. Nichts gesagt war genug gelobt.

Mein Name ist Steffen Raebricht und ich war damals unzufrieden mit mir, mit meinem Auftreten und meiner äußeren Erscheinung. Das wollte ich ändern. Mit 17 Jahren las ich mein erstes Buch über Psychologie. Ich arbeitete neben der Schule in einem Fast-Food-Restaurant, um das nötige Geld für meine Lektüre aufzubringen.

Ich erinnere mich noch genau: Ich war 24 Jahre alt, saß auf dem Fahrrad und fuhr zur Uni, da stellte ich mir eine Frage, deren Antwort eine Wende in meinem Leben einleiten sollte. Inzwischen war ich von außen betrachtet erfolgreich. Ich hatte einen festen Job mit Karriereaussichten, hatte gute Noten im Studium (Bildungs- und Erziehungswissenschaften), ich war sportlich, sah gut aus und war beliebt. Die Frage lautete: „Wie empfinde ich meine Lebensqualität auf einer Skala von -10 bis +10?" Aus meinem tiefsten Inneren kam die Antwort: „-4." Das schockierte mich.

Ich begriff in diesem Moment, dass all die Äußerlichkeiten sicherlich schön, aber dass sie nicht des Pudels Kern waren. Ich war durch Kritik schnell aus der Bahn zu werfen, konnte mich, um anderen zu gefallen, wie ein Chamäleon an Situationen anpassen, hatte dabei aber keinerlei Gefühlsregungen. Ich empfand nur noch die drückende Leere der Gefühllosigkeit in mir und war unglücklich. Anderen Menschen ist das wahrscheinlich nicht aufgefallen, denn nach außen konnte ich die Leute hervorragend blenden. Wenn ich ehrlich zu mir bin, hatte ich keine Idee davon, wer ich überhaupt war. Ich konnte mich in alles verwandeln, nur nicht in mich selbst. Das war der Punkt, an dem ich anfing, mich auf die Suche nach meinem Glück zu machen. So konzentrierte ich mich dabei immer mehr darauf, was in mir passierte.

Ich fing an, mich in neurolinguistischem Programmieren (NLP), einer Zusammenstellung wirksamer psycho-logischer Techniken, ausbilden zu lassen. Drei Jahre später hatte ich die Qualifikation zum Lehrtrainer erreicht. Drei von vier Wochenenden pro Monat saß ich im Seminarraum und lernte psychologische Techniken. Unter der Woche traf ich mich abends mit Tandem-Partnern zur psychologischen Beratung. Ich probierte die verrücktesten Techniken aus, um Fortschritte in der Klärung meiner Persönlichkeit zu machen. An der Uni verbrachte ich meine Nachmittage in der Fakultät für „Differentielle Psychologie" und führte für meine

Masterarbeit Paarstudien durch. Gleich nach der Uni belegte ich einen Kurs zum Heilpraktiker für Psychotherapie, gleichzeitig noch eine Ausbildung zum Transaktionsanalytiker. Meine Wochen waren, neben meinem Vollzeitjob als Führungskraft bei der Bundeswehr, mit psychologischen Ausbildungen gefüllt. Beide Ausbildungen schloss ich erfolgreich ab. Ich betreibe heute eine Webseite, die sich mit der Transaktionsanalyse befasst und auf der du auch einen Einsteigerkurs in Kommunikationspsychologie belegen kannst: www.TAplus.de.

Ich finde die Transaktionsanalyse **(TA)** deshalb so gut, weil sie mit einfach verständlichen Grafiken sehr anschaulich erklärt, was bei dir selbst, bei anderen und in Beziehungen vor sich geht. Gleichzeitig bieten ihre Konzepte konkrete Entwicklungsansätze. Sie verfolgt Entwicklungsziele für Menschen, die darin bestehen:

- Die Einzigartigkeit jeglicher Phänomene wahrzunehmen - beispielsweise den unverwechselbaren Ruf dieser einen Amsel, frei vom Hintergrundrauschen überlagernder Gedanken, frei von unbewussten Automatismen. **(Bewusstheit)**

- Freien Zugriff auf passende Möglichkeiten im Denken, Fühlen und Handeln zu haben, frei von selbst auferlegten Konventionen zu sein. Beispiel: Jemand fährt dich harsch von der Seite an. Wie könntest du darauf reagieren? Hast du Auswahlmöglichkeiten oder reagierst du automatisch? **(Spontanität)**

- Offene und echte Gefühle auszudrücken, die Nähe schaffen. Sich einzulassen, ohne verkrampfte Wertvorstellungen und elterliche Vorgaben. Echte Gefühle kannst du daran erkennen, dass sie hilfreich für Nähe und Bindung sind. **(Intimität)**

Diese drei Fähigkeiten fasst die Transaktionsanalyse unter dem Begriff **„Autonomie"** zusammen. Autonomie umfasst auch die Freiheit, sich aus Freiwilligkeit heraus zu verpflichten.

Die Kombination aus einfach verständlichen, aber tiefgehenden Konzepten, konkreten Lösungsansätzen und einem Entwicklungsziel für Menschen finde ich so spannend, dass die TA für mich zu einem Lebensweg geworden ist.

Ab einem bestimmten Punkt in meiner Ausbildung verstand ich, dass es nebensächlich ist, in welcher psychologischen Ausbildung ich mich befinde. Als viel essentieller empfand ich es, die Konzepte anzuwenden und mich nicht hinter meiner vornehmen Zurückhaltung zu verstecken. Ich entschied, mich auf die Übungen in den Seminaren voll einzulassen, mich freiwillig zu melden und an meinen Themen zu arbeiten. Dabei weinte ich viele Tränen. Doch die Arbeit und Auseinandersetzung mit mir selbst waren es wert.

Heute, mit 32, kann ich sagen, dass ich eine gute und erwachsene Beziehung zu beiden Elternteilen habe. Ich sehe meine Mutter als Mensch mit ihren Fehlern, genau wie meinen Vater. Sie sind entmystifiziert. Wir können harmonisch längere Zeit miteinander verbringen, lange zusammen schweigen und über persönliche Dinge sprechen. Mit meiner Freundin, meinen Freunden und Geschäftspartnern habe ich ehrliche und tiefe Beziehungen. Als ich mir vor Kurzem erneut die Frage nach meiner empfundenen Lebensqualität stellte, schätzte ich mich auf der Skala von -10 bis +10 auf einer stabilen +8 ein. Ich fühle mich meistens mit mir selbst und meinen Mitmenschen verbunden und bin dankbar für das, was ich habe. Ich habe eine Ahnung davon, was es bedeutet, bewusst zu leben und gefühls- kompetent zu sein. Ich bin dabei, diese Ahnung zu vertiefen.

Dieses Buch schreibe ich, weil die hier vorgestellten Modelle mir in vielen Alltagssituationen helfen, meine Beziehungen positiv zu gestalten.

Meiner Erfahrung nach sind es nicht nur die großen Lebensereignisse, die Einfluss haben. Ebenso entschei- dend für eine langfristig hohe Lebensqualität sind die vielen kleinen, scheinbar unbedeutenden Interaktionen mit unseren Mitmenschen. Sie sind der stete Tropfen, der den Stein zu einem neuen Leben höhlt. Um diese vielen kleinen Tropfen soll es in diesem Buch gehen.

Besonders mit dem Modell des Drama-Dreiecks möchte ich dir ein Konzept an die Hand geben, das hochwirksam und trotzdem gut verständlich ist. Es kann dir einfache und gleichzeitig wirksame Möglichkeiten bieten, das tägliche Miteinander mit deinen Mitmenschen neu und langfristig konstruktiver zu gestalten. Dabei setzen wir an der wirkungsvollsten Stelle an, die wir besitzen, um Einfluss ausüben zu können: Bei uns selbst.

2. Grundlagen für Drama-freie Beziehungen

In diesem Buch möchte ich dich vorrangig mit einem Modell vertraut machen, das du zur Analyse deiner Beziehungen und als Leitfaden für Drama-freie Beziehungen verwenden kannst. Dafür legen wir in diesem Kapitel die Grundlagen. Los geht's!

Selbstentwicklung fühlt sich nicht immer gut an

Was hat Selbstentwicklung mit Drama-freien Beziehungen zu tun? Zum Glück eine ganze Menge. Stell dir vor, du müsstest auf den guten Willen der anderen hoffen, damit sich etwas in deinen Beziehungen verändert. Du stündest wahrscheinlich auf verlorenem Posten. Also konzentrieren wir uns auf den Teil einer Beziehung, den du direkt beeinflussen kannst - dich selbst. Wir werden darauf schauen, was du bei dir entwickeln kannst - in deinem Denken, Fühlen und Verhalten - um die Resultate in deinen Beziehungen zu erhalten, die du dir wünschst. Ist deine Selbstentwicklung fortgeschritten, werden deine Beziehungen automatisch Drama-ärmer.

Wenn du dich selbst entwickelst, hat das langfristig gesehen viele Vorteile für dich. Es kann sein, dass du in vormals stressigen Situationen entspannt bleibst, besser in Beziehung gehen und bleiben kannst oder tiefere Verbundenheit zu deinen Mitmenschen empfindest, und sich dadurch deine Lebensqualität verbessert.

Ein großes Thema war bei mir beispielsweise das Warten. Wenn ich auf eine Bekannte wartete, wollte ich, dass sie pünktlich ist und begann mich zu ärgern, wenn das nicht der Fall war. Ärgern ist eigentlich eine ziemliche Energieverschwendung und tut uns nicht wirklich gut. Es hat eine gewisse Ähnlichkeit mit Selbstverletzung, so als ob wir uns selbst mit einem Hammer auf den Kopf schlagen würden. Daran, also an meiner Reaktion auf das Verhalten anderer, kann ich etwas ändern. An der Pünktlichkeit meiner Freunde und Bekannten hingegen ist kaum etwas zu ändern, es sei denn, sie bekämen Mitleid mit mir.

Allerdings verläuft ein **Entwicklungsweg in den seltensten Fällen gradlinig**. Oftmals ist der Weg hin zu mehr Lebensqualität von Krisen und Gefühlstälern durchzogen, der dann aber letztendlich in einem neuen Entwicklungslevel mündet. Oftmals geht Selbstentwicklung zunächst mit unangenehm empfundenen Gefühlen einher. Zum Beispiel wenn dir bewusst wird, dass du mit deinen gut gemeinten und ungefragten Hilfeversuchen andere bevormundest. Eine solche Einsicht kann erst einmal ein ziemlicher Schock sein.

Häufig ist es uns erst möglich ein solches Verhalten zu ändern, nachdem wir Bewusstsein darüber erlangt haben. Es ist aber meist nicht angenehm, wenn wir uns über unser eigenes unkonstruktives Verhalten bewusst werden. Wer bemerkt schon gern, dass er selbst Anteile an Beziehungsproblemen hat.

Solche unschönen Einsichten stehen oftmals einem Entwicklungsschritt voran. Die meisten Menschen scheuen genau aus diesem Grund die Selbstreflexion - also sich selbst zu beobachten und sein Wirken auf die Umwelt zu hinterfragen. Es ist vergleichbar mit einem Splitter, der im Finger steckt. Der Moment des Herausziehens ist schmerzhafter als den Splitter stecken zu lassen. Doch hinterher sind wir froh, dass wir den vorübergehend größer empfundenen Schmerz in Kauf genommen haben. Ohne Splitter fühlt sich der Finger doch wesentlich besser an, und vor allem kann die Wunde heilen.

Der Vorteil von Selbstentwicklung liegt also in ihrer langfristigen Wirkung. Während Menschen, die den unangenehmen Prozess der Selbsterkenntnis scheuen, teilweise ein Leben lang mit „Splittern im Finger" herumlaufen, haben Menschen, die ihre Splitter erkennen, die Möglichkeit, unter Inkaufnahme kurzfristiger „Splitter-Zieh-Unannehmlichkeiten" nun leichter durchs Leben zu gehen. Ich habe dir zur Veranschaulichung einen grafischen Verlauf von Selbstentwicklung vorbereitet:

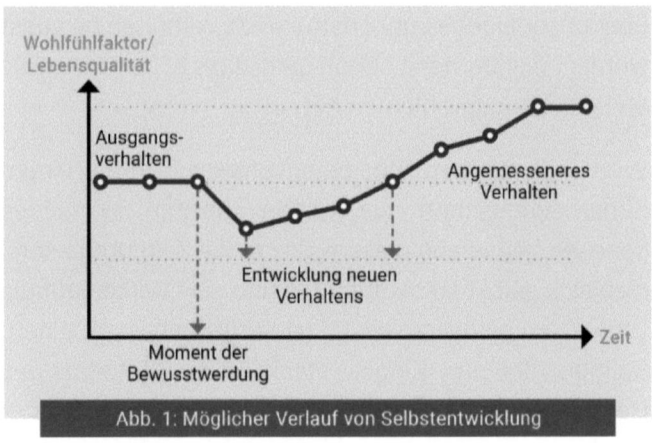

Abb. 1: Möglicher Verlauf von Selbstentwicklung

Hast du ein Problembewusstsein entwickelt und den ersten Gefühlseinbruch überstanden, gilt es, durch neues Verhalten eine Änderung herbeizuführen. Aber auch das neue Verhalten kann sich zunächst nicht „richtig" anfühlen. Das liegt daran, dass unser Gefühl von „richtig" nichts weiter als unsere Gewohnheiten anzeigt. Gewohnt ist richtig, ungewohnt kann sich falsch anfühlen.

Mein Transaktionsanalyse-Kollege **Bernd Taglieber** hat mir hierfür das Umweg-Tool zur Verfügung gestellt:

Veränderungen benötigen in der Regel einen Umweg. Die direkte Zusammenführung von „richtigem" Handeln und einem dazu stimmigen positiven Gefühl gelingt so gut wie nie. Doch wissen die meisten Menschen davon nichts und lassen sich schnell entmutigen.

Hier kann das „Umweg-Tool" helfen. Ein Beispiel: Dir ist bewusst geworden, dass du mit Small Talk Probleme hast und willst dies ändern. Wenn du auf Partys bist, stehst du häufig zwar mit im Gesprächskreis, weißt aber nicht so recht, was du sagen sollst. Einerseits empfindest du ein leises Gefühl von „ausgeschlossen sein", andererseits bewertest du die Gespräche als oberflächliches Partygeplauder. Dein Coach hat dich überzeugt, dass du dich eigentlich gern einbringen würdest, dich aber nicht traust.

Du hast dir vorgenommen, auf der nächsten Party aktiv am Gespräch teilzunehmen. Sogar ein paar Einstiege und Themen hast du dir schon parat gelegt. Tatsächlich überwindest du

dich auch. Auf die Nachfrage deines Coachs erklärst du später, dass du dich zwar überwunden hast, aber derart aufgeregt und gestresst warst, dass sich das gar nicht gut angefühlt hat. Solche heftigen Gefühle möchtest du nie mehr haben.

Dein Coach weist dich darauf hin, dass es absolut seltsam gewesen wäre, wenn du dich bei der allerersten Übung schon super wohl gefühlt hättest. Dein Gefühl hinkt der Kopfentscheidung hinterher. Erst durch fortwährende Übung stellt sich auch das dazu passende gute Gefühl ein.

Gewohnheiten zu überwinden ist schon eine anspruchsvolle Sache. Vor allen Dingen bei Gewohnheiten, die nicht banal sind. Verhaltens-gewohnheiten, die einen tieferen Grund haben, zum Beispiel um etwas zu vermeiden, nehmen sofort wieder

Kontakt mit dem Ursprungsgefühl auf. In diesem Sinne sind Gewohnheiten immer mit einem „so ist es sicher"-Gefühl gekoppelt. Also kommen bei Vorhaben, die zu einer Veränderung führen sollen, häufig Angst- und Unsicherheitsgefühle zum Tragen und auch ein Gefühl von „falsch".

Wenn du das erst einmal verstanden hast, fällt es dir bei der nächsten Übung schon deutlich leichter, diese Gefühle zu akzeptieren. Ja, du kannst sie sogar als Indiz begreifen, dass du auf dem richtigen Weg bist. Denn wieso sollte sich etwas von Anfang an gut anfühlen, wenn du noch gar keine Gewohnheit dazu entwickelt hast? Die folgende Darstellung veranschaulicht diesen Prozess noch einmal visuell:

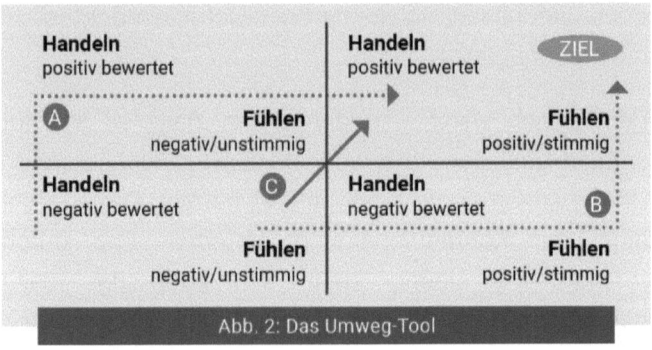

Abb. 2: Das Umweg-Tool

Was ist überhaupt Drama?

Wenn wir das Wort „Drama" hören, dann denken wir meistens an nichts Gutes. Der Begriff definiert eigentlich eine literarische Gattung, doch wird er im Alltag eher für stressige Auseinandersetzungen zwischen Menschen verwendet. „So ein Drama!", „Mach hier kein Drama" und Ähnliches hören wir manchmal als Redewendung. Um genau diese Verwendung des Begriffes soll es in diesem Buch gehen:

Drama ist eine Art der Beziehungsgestaltung, die mit mindestens unangenehmen Gefühlen für alle Beteiligten endet. Sie verläuft unbewusst und bleibt deshalb unerkannt, obwohl die einzelnen Schritte bis zum eigentlichen Drama immer nach einem gleichartigen Muster ablaufen.

Abb. 3: Beziehungsdrama in Paarbeziehungen

19

Was meint „mindestens unangenehm"? Das bedeutet, dass die Folgen aus einer dramahaften Beziehungsgestaltung weitaus schlimmer als nur schlechte Gefühle sein können. Beziehungskrach, Scheidungen, Körperverletzungen, Gerichtsverhandlungen, Krankenhausbesuche und auch Beerdigungen können Folgen von Drama in Beziehungen sein. Ein paar Beispiele:

- Andrea ist öfters sauer auf ihre Partnerin, weil sie ihr „immer alles" hinterherräumen muss. Ihre Freundin hat auch keine Lust auf die sich daraufhin entwickelnde Diskussion. - Beide erleben schlechte Gefühle.

- Claudia ist Lehrerin. Auf der Arbeit übernimmt sie die Verantwortung für die Organisation von Schulfesten und verlangt sich damit einiges ab. Ihre Chefin ist froh über das Engagement. Als Claudia wegen eines Burnouts für mehrere Monate nicht mehr zur Schule kommen kann, fehlt der Chefin eine wichtige Stütze.

- Stefan zeigt den Leuten gern, wo es „langgeht". Deswegen distanzieren sich von Zeit zu Zeit Menschen von ihm. „Alles Idioten", denkt sich Stefan.

- Jan führt bei Feiern und gesellschaftlichen Zusammenkünften gern das große Wort. Allen erklärt er die Welt, weiß zu jeder Problemfrage eine Lösung und verteilt gut gemeinte Ratschläge. Hinter vorgehaltener Hand sagen seine Bekannten: „Ich kann es nicht mehr hören!" Jan wundert sich, dass er immer seltener eingeladen wird.

- Friedrich geht es „nie" gut. Seine Frau bemüht sich seit Jahren, ihm das Leben lebenswerter zu gestalten. Wenn sie ihn dazu bewegen will, selbst etwas zu tun, was ihm guttun könnte, verfällt er in einen schwer zu ertragenden Jammerton. Nach neun Jahren reicht seine Frau die Scheidung ein.

Ich bin mir ziemlich sicher, dass du auch schon einige unangenehme Erfahrungen in deinen Beziehungen gesammelt hast. Das geht den meisten Menschen so. Doch Drama in Beziehungen muss nicht sein. Es gibt einen Ausweg. Dieses Buch kann ein weiterer Schritt hin zu einem Leben mit freudvoller Selbstbestimmung und respektvollen Beziehungen sein.

Grundüberzeugungen und ihr Einfluss auf Beziehungen

„Whether you think you can, or you think you can't, you're right!" - Henry Ford

(„Ob du glaubst etwas zu können, oder ob du glaubst etwas nicht zu können, du wirst in jedem Fall Recht behalten") modif. nach Henry Ford

Abb. 4: Henry Ford
(1863–1947)

Dieses Zitat von Henry Ford zeigt für mich unter anderem die Wirkung von Grundüberzeugungen. Bei Grundüberzeugungen handelt es sich um grundsätzliche Gedanken über uns, über andere und über die Welt, aus denen sich unsere individuell erlebte Wirklichkeit bildet. Grundüberzeugungen arbeiten nach dem Prinzip der sich **selbsterfüllenden Prophezeiung**. Damit ist gemeint, dass wenn wir ein bestimmtes Verhalten oder Ergebnis erwarten, wir häufig selbst unbewusst dazu beitragen, dass dieses auch eintritt.

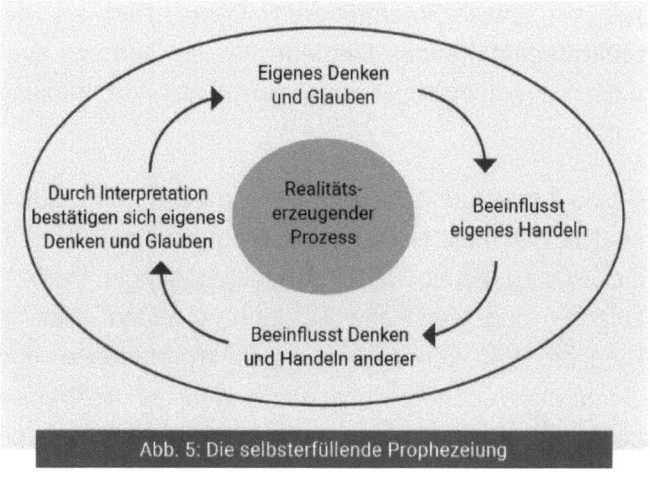

Abb. 5: Die selbsterfüllende Prophezeiung

Wir Menschen bilden unsere Realität durch Wahrnehmungen mit unseren fünf Sinnen und deren
Interpretation. Die Grundüberzeugungen stellen eine
Schablone oder einen Filter dar, wie wir Eindrücke
interpretieren. Sie sind so etwas wie unser Bezugs-
rahmen. Alles muss da hineinpassen und wenn es nicht
passt, wird es uminterpretiert oder einfach ausgefiltert.

Ein Beispiel: Zwei Menschen stehen nebeneinander und
sehen einen Hund. Sie nehmen das Tier mit ihren
Sinnen wahr. Dann kommt die Schablone der Grundüberzeugungen zum Einsatz. Der eine sagt: „Bäh, so ein
Köter.", weil er unangenehme Erfahrungen mit Hunden
gemacht hat. Der andere sagt: „So ein süßer Hund.",
weil er angenehme Erfahrungen mit den Tieren
gemacht hat. Eine weitere Person würde sagen: „Oh, ein
Golden Retriever", weil sie sich für die Hunderassen
interessiert. Unsere **Grundüberzeugungen** bestimmen,

wie wir etwas interpretieren. Damit sind sie ein **realitätsgestaltendes Element**. Wir müssen uns ihrer nicht einmal bewusst sein, damit sie ihre Wirkung entfalten.

Grundüberzeugungen sind sehr mächtig. Trotzdem sind sie den meisten Menschen **nicht bewusst**. Es kann sich lohnen, die eigenen Grundüberzeugungen kennenzulernen und, wenn gewollt, auch zu ändern. Das ist möglich. Wir können unsere Interpretationen und Grund-überzeugungen über uns, andere und die Welt so gestalten, dass wir mehr Lebensqualität empfinden und tiefere Beziehungen haben.

Eine Möglichkeit, die eigenen Grundüberzeugungen herauszufinden, ist, sich ihnen über Glaubenssätze anzunähern. Glaubenssätze sind Sätze, die uns anzeigen, was wir über eine Situation glauben. Sie erscheinen uns ebenfalls als wahr, im Sinne von „so ist die Wirklichkeit". In Beziehung zueinander gesetzt sind sie die Trauben, die Grundüberzeugungen stellen die ganze Rebe dar. Du könntest fragen: „Was glaube ich über diese Situation? Warum sehen andere die gleiche Situation völlig anders? Welche Grundüberzeugung könnten die anderen haben?" Manchmal braucht es ein wenig Zeit, bis dein Unterbewusstes die Antwort zutage fördert. Sei ein wenig geduldig mit dir. Die daraufhin auftauchenden Antworten sind deine Glaubenssätze, die dir Hinweise auf deine Grundüberzeugungen geben können. Eine Eigenschaft von Grundüberzeugungen ist, dass sie uns richtig erscheinen. Sie bestätigen sich in unserem bisherigen Erleben.

Eine Frau, die auf einer Party allein dasteht, obwohl sie sich gern mit anderen unterhalten würde, könnte sich fragen: „Was glaube ich über diese Situation?" Es könnten Antworten auftauchen wie: „Ich bin schüchtern." (Glaubenssatz über sich selbst) oder „Die anderen wollen ja doch nichts mit mir zu tun haben." (Glaubenssatz über andere). Durch die Prüffragen werden die situationsbestimmenden Überzeugungen bewusst. Aus ihnen kann eventuell schon eine Grundüberzeugung abgeleitet werden. Vielleicht: „Ich bin nicht in Ordnung so wie ich bin." Werden die Glaubenssätze und somit die subtil bedrohlich wirkende Grundüberzeugung nicht verändert, wirken sie wie eine selbsterfüllende Prophezeiung. Dann kann es sein, dass die Frau, ohne mit anderen in Kontakt gekommen zu sein, nach Hause geht und sich sagt: „Ich sage es ja, ich bin einfach zu schüchtern." (Meist sind die eigenen Antworten kombiniert mit einer Generalisierung „immer" oder einer Übertreibung „zu" verbunden.) Ihr Vorteil/Gewinn: Sie muss nicht den Splitter ihrer Grundüberzeugung anfassen. Doch beim nächsten Mal wird er wieder weh tun!

Zwei Menschen können in der gleichen Situation entgegengesetzte Grundüberzeugungen haben. Eine andere Frau könnte auf der gleichen Party sein und sich sagen: „So viele interessante Leute hier, ich weiß gar nicht, wo ich anfangen soll." Sie wird sicherlich mit einer anderen Bewertung des Abends nach Hause gehen als die Frau, die von sich selbst denkt, schüchtern zu sein.

Jeder Mensch hält seine Grundüberzeugungen für richtig (seine Wahrheit/Realität). Das ist deswegen so, weil sie sich in der Nachbetrachtung für ihn so gut wie immer „bewahrheiten". Das stellen Menschen so an, weil sie sich unbewusst ausgerechnet auf jene Situationen einlassen, in denen sich ihre Grundüberzeugungen bewahrheiten. Auch unbewusst übersehen sie Situationen oder werten solche ab, in welchen ihre Grundüberzeugungen in Frage gestellt werden könnten. Unser Hundeliebhaber wird sich mit hoher Wahrscheinlichkeit auf Situationen fokussieren, in denen sich Hunde streicheln lassen. Er wertet jene ab oder blendet sie aus, in denen sich die Tiere aggressiv verhalten. Wie sähe das bei demjenigen aus, der Hunde nicht leiden kann? Worauf wird er sich wahrscheinlich fokussieren? Was blendet er aus?

Am Beispiel der Hunde ist das Wirken der Grundüberzeugungen noch relativ harmlos. Was aber, wenn ein Mensch glaubt, dass er es nicht verdient hat geliebt zu werden? Oder wenn er glaubt, nie den richtigen Partner zu finden? Oder wenn er glaubt, dass Beziehungen ohne ein wenig Drama doch langweilig sind?

Die meisten unserer Glaubenssätze, die dann unsere Grundüberzeugungen bilden, haben wir als Kinder von unseren Bezugspersonen übernommen, also von Eltern, Erziehern oder Lehrern. Andere haben wir wiederum aus Verallgemeinerungen von Einzelerfahrungen abgeleitet und uns als Kinder selbst einen Reim darauf gemacht. Wenn du beispielsweise als Kind eine Katze gegen den Fellstrich streichelst und sie dir danach einen Hieb verpasst, könntest du zu der Überzeugung gelangen, dass Katzen oder vielleicht sogar alle Tiere unberechenbar sind. Grundüberzeugungen bilden sich aber auch durch Alltagserlebnisse und deren häufige Wiederholungen. Erfährt ein Kind Tag für Tag, dass es von den Eltern in seinen Bedürfnissen nicht gesehen wird, könnte es zu der Schlussfolgerung gelangen: „Ich bin nicht wichtig." Oder ein Kind, das von seinen Eltern und Lehrern von einer Therapie zur anderen (Logotherapie, Ergotherapie, Physio- und Psychotherapie) geschickt wird, könnte meinen: „So wie ich jetzt bin, bin ich nicht richtig." Wie fatal ist in Bezug auf diesen Gedanken unser schulisches Notensystem?

Unsere **Grundüberzeugungen gestalten unsere Wahrnehmung der Realität. Sie sind beliebig veränderbar, wenn wir sie denn erstmal kennen**. Es kann vorteilhaft sein, die eigenen Grundüberzeugungen zu überprüfen und, wenn die Grundüberzeugungen nicht zu den eigenen Lebensvorstellungen passen, sie auch zu verändern. Wenn ich persönlich meine Grundüberzeugungen hinterfrage, lege ich diese Prüffrage zugrunde: „Wird mir diese Grundüberzeugung langfristig mehr Lebensqualität bringen?" Kann ich die Frage bejahen, behalte ich sie bei. Beantworte ich diese Frage mit nein, fange ich an, daran zu arbeiten.

Ein Beispiel: Meine Grundüberzeugung ist: „Ich kann nicht tanzen." Die Prüffrage, die ich mir dann stelle, lautet: „Wird mir diese Überzeugung langfristig mehr

Lebensqualität bringen?" Die Antwort darauf: „Wahrscheinlich nicht." Auch wenn all mein Denken „überzeugende Argumente" liefert, warum das Tanzen nicht so wichtig ist, wenn Musik gespielt wird, zu der ich mich bewegen möchte, traue ich mich das aufgrund meiner Überzeugung nicht. Viel eher würde doch die Grundüberzeugung: „Ich kann tanzen" mehr Lebensqualität bringen, egal ob die Bewegungen nun im Auge des Betrachters ästhetisch sind oder nicht. Überprüfen wir die neue Überzeugung anhand der Realität, stellt sich sicherlich heraus, dass ich mich zu einer Musik tänzerisch bewegen kann. Und vielleicht macht es mir sogar Freude, sobald ich meine Scham überwunden habe.

Das Gleiche gilt für Beziehungen: „Was glaube ich über die Situation, wenn ich ungefragt gut gemeinte Ratschläge gebe? Wird sich dies langfristig positiv auf meine empfundene Lebensqualität auswirken?" Vielleicht kommt als Antwort: „Ich denke, dass ich eine Lösung für dich habe (weil ich es eigentlich besser weiß als du)." Dahinter könnte eine noch unbewusste Grundüberzeugung stecken, die den Mitmenschen in seinen Fähigkeiten oder vielleicht sogar in seiner Person abwertet. Ob sich eine solche Grundeinstellung wohl langfristig positiv auf die Beziehung auswirkt? Daran darf gezweifelt werden.

Wenn du in einer solchen Situation kurz innehältst und sie hinterfragst, hast du die Möglichkeit, dir in genau diesem Moment über deine Grundeinstellungen bewusst zu werden und den im Finger steckenden

Splitter zu bemerken. „Sind meine gut gemeinten Ratschläge wirklich so gut für meinen Partner? Wie wirken sie sich auf unsere Beziehung aus?" Ein Freund meinte einmal zu mir: „Gut gemeint ist das Gegenteil von gut." Und welche Auswirkung hat es überhaupt auf die Beziehung, wenn ich glaube, immer geben zu müssen (Ratschläge und sonstige „Hilfsangebote") und nie eigene Bedürfnisse und Wünsche nach Unterstützung ins Spiel bringe? Welche Bedürfnisse werden gerade dadurch bedient?

Ich stelle dir nun ein paar Grundüberzeugungen vor, die ich für sehr wichtig und hilfreich halte:

Grundüberzeugung: Die Menschen sind in Ordnung

Diese Grundüberzeugung klingt für sich genommen ein wenig naiv, finde ich. Doch ist es für mich eine der wichtigsten und gleichzeitig am schwierigsten umzusetzenden Grundüberzeugungen. Gehen wir ein wenig näher auf sie ein. „Die Menschen" bestehen aus dir selbst und den anderen Menschen. Als mathematische Formel könnte man es so schreiben: „Du + alle anderen = die Menschen."

„Sind in Ordnung" kann mit „positiv empfunden" gleichgesetzt werden. Doch hast du sicherlich schon erlebt, dass du dich selbst und/oder andere nicht stets als positiv empfindest. So ergibt sich ein Diagramm mit folgenden Dimensionen:

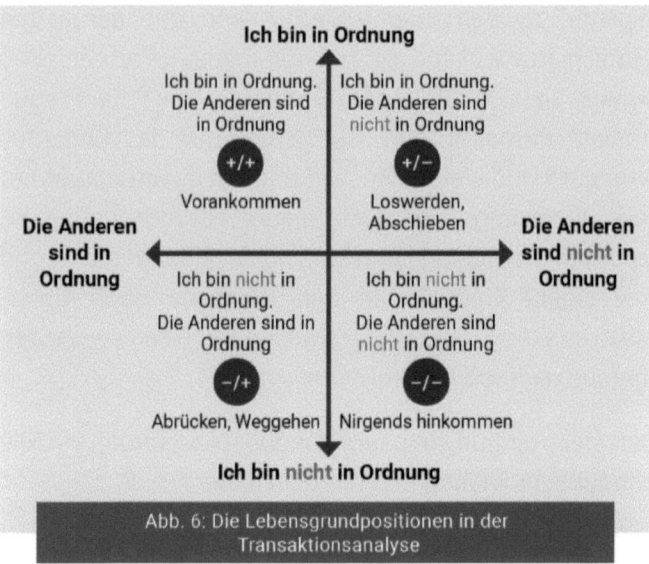

Abb. 6: Die Lebensgrundpositionen in der Transaktionsanalyse

Die Quadranten des Diagramms werden als die „Lebensgrundpositionen" oder auch „Okay-Positionen" bezeichnet.

Unsere eigene Positionierung entwickeln wir im Laufe unserer lebensgeschichtlichen Erfahrungen. Frühe und auch sehr frühe Erfahrungen (sogar im vorsprachlichen Alter) bereiten das Fundament für eine der vier Ausrichtungen. Sie stellt fortan unsere Lebensgrundposition dar. Wir behalten sie oftmals ein Leben lang. Zwar nehmen wir auch situativ alle anderen Positionen ein, aber eine bleibt unsere „Lieblingsposition".

Nämlich:

- Mit mir ist alles in Ordnung. - Mit den anderen ist alles in Ordnung (+/+).

- Mit mir ist alles in Ordnung. - Mit den anderen stimmt etwas nicht (+/-).

- Mit mir stimmt etwas nicht. - Mit den anderen ist alles in Ordnung (-/+).

- Mit mir stimmt etwas nicht. - Mit den anderen stimmt etwas nicht (-/-).

Die Kombinationen bilden die grundlegende Haltung, wie wir uns selbst oder andere bewerten. Sie sind etwas Fundamentales und gehen über die Bewertung von Verhalten hinaus.

Wir können sagen: „Die Grundeinstellung fasst die Gesamtheit der Überzeugungen zusammen, die jemand über sich selbst und andere Menschen gebildet hat, um seine Entscheidungen und sein Verhalten zu bewerten." Wir sind je nach Situation fähig, alle Positionen zu besetzen. Doch hat jeder Mensch eine bevorzugte Position. Vielleicht hört es sich für dich zunächst etwas erschreckend an, dass du oder andere „nicht in Ordnung" sein sollen. Das ging mir zunächst auch so. Die Okay-Positionen bringen oftmals tief verborgene Über-zeugungen auf den Punkt. Es kann ein guter Test für dich sein zu fragen: „Wie reagiere ich in Stresssituationen?"

- Bleibst du klar und gehst nicht zu voreiligen Schuldzuweisungen gegenüber dir selbst oder anderen (+/+) über?

- Beschuldigst du andere? (+/-)

- Machst du dir selbst Vorwürfe? (-/+)

- Oder ist alles einfach nur falsch? (-/- = Ebene der Verzweiflung)

Dieses Konzept werden wir in diesem Buch nutzen, um uns mit unserer grundsätzlichen Haltung uns selbst und anderen gegenüber auseinanderzusetzen.

Für die Gestaltung von langfristig ausgeglichenen und freudvollen Beziehungen halte ich es für sehr erstrebenswert sich ein Menschenbild anzueignen, welches dem Selbst sowie den Mitmenschen einen positiven Wert zuspricht (+/+). Umgangssprachlich spricht man auch von einer toleranten Haltung anderen Wertvorstellungen gegenüber. Diese Toleranz hat ihre Grenzen. Den Wert, Menschen zunächst eine positive Grundhaltung entgegenzubringen (+/+), kann man am deutlichsten in seinem Gegenteil, dem dogmatisch engen und intoleranten Denken, erkennen (-/-).

Auf www.no-more-drama.de kannst du dir einen Fragebogen herunterladen, um deine eigenen Okay-Positionen in verschiedenen Situationen zu erfahren. Am besten machst du das gleich jetzt. Das nächste Kapitel wartet auch auf dich, versprochen.

Grundüberzeugung: Jeder Mensch hat die Fähigkeit selbstständig zu denken

Fragt man ein Auditorium voller Menschen: „Wer von euch glaubt, dass er nicht selbstständig denkt?" - Es wird sich niemand melden. Wer würde schon von sich behaupten, dass er nicht selbstständig denken kann? Keiner. Jeder ist davon überzeugt, dass er selbstständig denkt. Aber ist das wirklich so? Meiner Ansicht nach stimmt das nur scheinbar. Ich glaube, dass die meisten Menschen den Unterschied zwischen selbstständigem und unselbstständigem Denken nicht kennen oder sich über den Unterschied nicht bewusst sind. In der psychologischen Richtung der Transaktionsanalyse arbeitet man häufig mit sogenannten „Ich-Zuständen": Dem Eltern-Ich, dem Erwachsenen-Ich und dem Kind-Ich. Ein „Ich-Zustand" wird definiert als eine zusammenhängende Einheit von Denken, Fühlen und Verhalten.

Abb. 7: Die drei Ich-Zustände in der Transaktionsanalyse

- Befindet sich eine Person im Eltern-Ich-Zustand, dann denkt, fühlt und verhält sie sich so, wie es ihre Bezugspersonen getan haben, beispielsweise ihre Eltern.

- Befindet sich eine Person im Erwachsenen-Ich-Zustand, dann denkt, fühlt und handelt sie selbstständig und autonom. Autonom bedeutet in diesem Fall vereinfacht, dass sie frei und ungetrübt auf die Gegenwart reagieren kann.

- Befindet sich eine Person im Kind-Ich-Zustand, dann denkt, fühlt und verhält sie sich, wie sie es bereits als Kind tat.

Im Folgenden möchte ich auf das Denken in den Ich-Zuständen eingehen:

Personen, die aus dem Eltern-Ich und dem Kind-Ich denken, überlegen **nicht** autonom. Sie denken in gesellschaftlichen Normen („Das macht man so.") oder sie denken noch so, wie sie es als Kinder taten („Niemand kümmert sich um mich."). Beide Denkweisen sind nicht selbstständig (im Sinne von bewusst und reflektiert) und orientieren sich auch nicht an der Gegenwart. Elterliche Gedanken sind von außen kommende Eingaben, die in der Kindheit unreflektiert verinnerlicht wurden. Sie wurden von Bezugspersonen oder Institutionen aufgenommen, den Eltern oder der Schule. Kindliche Gedanken sind Denkweisen, die wir als Kinder entwickelt haben, die ebenfalls nicht aus Erwachsenen-Sicht hinterfragt wurden.

Aus dem Erwachsenen-Ich kommen hingegen die selbstständigen Gedanken. Dabei handelt es sich um Gedanken, die anhand der gegenwärtigen Situation überprüft wurden. Sie wurden hinterfragt und sich somit zu eigen gemacht.

Elterliche Gedanken:

- Als Mann **muss** man **stark** sein.

- Die Welt wird **immer gefährlicher**.

- Unpünktlichkeit **ist** ein Zeichen von Respektlosigkeit.

Kindliche Gedanken:

- Ich suche nach meinem **Prinzen** für meine Beziehung.

- **Niemand kümmert sich um mich.**

- Eines Tages werde ich **berühmt**.

Im Eltern-Ich finden wir übernommene Gedanken über gesellschaftliche **Normen und Regeln, die immer eine Wertung beinhalten.** Normen und Regeln sind an sich nichts Schlechtes. Wenn sie hinterfragt werden und weiterhin für gut befunden werden, spricht nichts dagegen, sich an ihnen zu orientieren. Ich begrüße beispielsweise noch immer Menschen, wenn ich sie eine längere Zeit nicht gesehen habe. Begrüßungen sind gesellschaftlich normal und ich finde auch, dass sie Beziehungen guttun. Deswegen begrüße ich

Menschen. Als Gegenbeispiel warte ich nicht mehr mit dem Essen auf andere, wenn ich schon sehr hungrig bin. Ein kleiner Snack vor einem gemeinsamen Essen entspannt mich und hebt meine Laune. Ich sehe einfach keinen Sinn darin, mich zu quälen, wenn ich mit ein paar Bissen vor dem Essen meine Zufriedenheit steigern kann. Dabei geht es nicht um einen Ego-Trip. Es geht vielmehr darum, auf mich selbst zu achten - in einer Weise, die anderen nicht schadet.

Aus dem Kind-Ich kommen **Wünsche und Bedürfnisse.** Sie bleiben auch bestehen, wenn wir erwachsen sind. Der Wunsch nach einer Partnerschaft, nach Fürsorge oder Anerkennung (siehe kindliche Gedanken) ist vollkommen nachvollziehbar. Der Unterschied zum Erwachsenen ist die Art der Bedürfnisbefriedigung, die häufig einen kindlichen Lösungsansatz wählt, z. B. nichts tun in der Hoffnung, dass sich dann schon jemand kümmern wird.

Ein **selbstständiger Gedanke** (Erwachsenen-Ich) hingegen ist ein Gedanke, der hinterfragt oder selbst erdacht wurde und an der Realität ausgerichtet ist. Das kann geschehen, indem eine Situation mit eigenen Lösungsansätzen durchdacht wird oder indem unselbstständige Gedanken überprüft werden. Ein Beispiel für einen eigenen Lösungsansatz:

Ein Paar hat sich ein Motorrad geliehen und zusammen eine Tour unternommen. Auf dem Rückweg halten sie an einem Imbiss. Er hat gehört, dass es in der Nähe noch einen Markt geben soll und will ihn gern besuchen.

Sie hingegen ist schon müde und hat keine Lust mehr darauf weiterzufahren. Beide haben einander entgegengesetzte Wünsche. Anstatt dass sich einer der beiden dazu zwingt, dem Willen des anderen zu folgen, schlägt er vor, allein zum Markt zu fahren und innerhalb von 10 Minuten wieder da zu sein. Sie könne solange am Imbiss warten. Ihr gefällt der Vorschlag und sie verfahren wie besprochen. Beide sorgen auf unkonventionelle Art für ihre Interessen und bewerten die Bedürfnisse des anderen als OK.

Lass uns ein paar elterliche und kindliche Gedanken in diesem Beispiel überprüfen. Das kannst du tun, indem du einen elterlichen oder kindlichen Gedanken kritisch und unabhängig von Konventionen hinterfragst. Ungeprüft könnte man zu dem Schluss kommen: „Wenn man mit dem Partner unterwegs ist, macht man nichts ohne ihn." Wenn du aber diese Haltung reflektierst und ihre Auswirkungen auf die Beziehung überprüfst, könnte die Schlussfolgerung lauten: „Wenn es zum Wohle beider Parteien ist, kann auch etwas getrennt unternommen werden."

Schau dir an, wie aus zunächst „elterlichen" bzw. „kindlichen" Gedanken „erwachsene" Gedanken werden können und wie sich dadurch eine mögliche Lösung ergibt.

- Als Mann muss man stark sein: Muss man als Mann stark sein? Was passiert denn, wenn ich als Mann Schwäche zeige? Werde ich dann als Mann abgewertet? Oder gibt es Personen, die vermeintliche Schwächen wie Weinen auch anerkennen? Ist es nicht nur eine Befürchtung meinerseits, die so gar nicht zutrifft? Ist es vorteilhaft mich mit Personen einzulassen, die das Zeigen von Schwäche nicht respektieren? Als Mann kann ich auch schwach sein. Ich persönlich finde es sogar stark, wenn ich zu meinen Gefühlen stehe. Ist es nicht eher ein Zeichen der Stärke, wenn ich meine Gefühle zeige? Ich könnte darauf achten, dass ich mir Menschen suche, die es akzeptieren oder vielleicht sogar schätzen, wenn ich mich verletzlich zeige.

- Die Welt wird immer gefährlicher: Stimmt es, dass die Welt immer gefährlicher wird? Diese Haltung ist eine angsterzeugende Überzeugung. Glaubt man Medienberichten, könnte man meinen, man dürfe das Haus nicht mehr verlassen. „Angst essen Seele auf" (ein filmisches Melodram von Fassbinder aus dem Jahr 1974 - den Film gibt es unter: www.no-more-drama.de) beschreibt eindrucksvoll die Auswirkungen dieser Haltung. Angst tötet jede Lebensfreude und es beeindruckt uns ja auch, wenn sich die Menschen nach einem Anschlag die Lebensfreude nicht rauben lassen. Dies bedeutet nicht, dass wir nicht vorausschauend und sorgsam mit uns selbst und unseren Lieben umgehen sollten.

- Ich muss nur den Richtigen für eine Beziehung finden: Ist es damit getan? Warum suche ich schon seit 3 Jahren und finde nicht den Richtigen?

Habe ich einfach nur Pech? Oder könnte etwas mit meinem Beziehungsverständnis nicht stimmen? Bin ich überhaupt „die Richtige" für „den Richtigen"? Würde ich mit mir selbst zusammen sein wollen? Ich könnte mich selbst auch einmal auf den Prüfstand stellen. Und ich könnte einmal erfolgreiche Paare fragen, wie sie zusammengekommen sind und was sie in der Beziehung hält. Vielleicht ist es ja doch nicht damit getan, dass „der Richtige" auf einmal da ist.

- Niemand kümmert sich um mich: Wirklich niemand? Woher weiß ich das? Habe ich denn schon um Hilfe gebeten? Warum kann ich mich eigentlich nicht um mich selbst kümmern und mehr dafür sorgen, dass sich jemand kümmert? Mein Partner würde sich sicherlich um mich kümmern, wenn ich ihn darum bitten würde. Würde er sich vielleicht sogar freuen, endlich einmal etwas für mich tun zu dürfen?

- Eines Tages werde ich berühmt: Werde ich das? Woher weiß ich das denn? Aus welchem Grund sollte ich berühmt werden? In welcher Sparte? Womit? Was mache ich, wenn ich nicht berühmt werde? Fühle ich mich dann noch in Ordnung? Oh, ich merke, dass ich gar keine klare Antwort auf diese Fragen habe. Da könnte ich noch einmal überlegen.

Ein Gedanke aus dem Erwachsenen-Ich hat Gedanken aus dem Eltern-Ich und dem Kind-Ich hinterfragt und eine eigene Antwort darauf gegeben. Es handelt sich dabei um einen durch eigenes Nachdenken selbst entwickelten Schluss. Bei Ausdrücken wie „man sollte" oder „man muss doch" kannst du hellhörig werden. Es könnte sich um Gedanken aus dem Eltern-Ich handeln. Bei Ausdrücken wie „niemand" oder „alle" kann ein kindlicher Gedanke im Vordergrund stehen. Hör mal hin, wenn diese Begriffe fallen und zieh deine eigenen Schlüsse!

Ich vergleiche Gedanken, die hinterfragt wurden, mit der Umwandlung einer Raupe zu einem Schmetterling. Die ursprünglichen Überlegungen wurden durch kritisches Hinterfragen einer realitätsnahen Überprüfung unterzogen und somit ins Erwachsenen-Ich überführt. Aus etwas ungeprüft Übernommenem wird etwas überprüftes Eigenes. Die folgende Grafik greift diesen Prozess noch einmal bildlich auf:

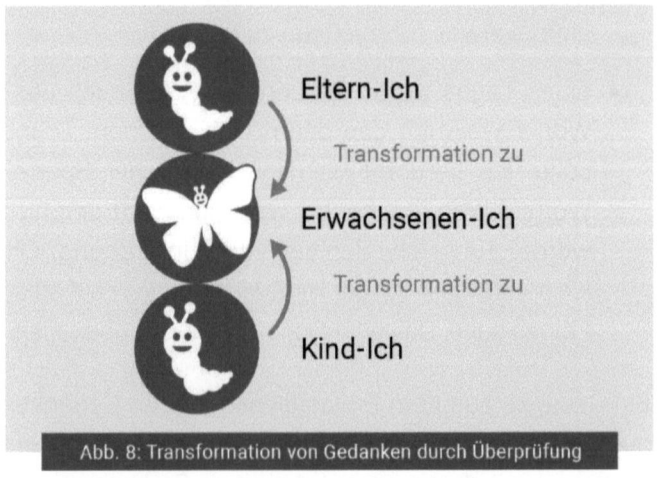

Abb. 8: Transformation von Gedanken durch Überprüfung

Fängt ein Mensch an selbst zu denken (er überprüft die

unreflektierten Gedanken), sind die Lösungen häufig kreativ und zweckmäßig und bereichern das eigene Leben. Für eine individuelle Beziehungsgestaltung, die sich an echten Bedürfnissen aller Parteien orientiert, halte ich es für sehr erstrebenswert, das selbstständige Denken, frei von Konventionen, zu entwickeln.

Grundüberzeugung: Jeder Mensch ist für sich selbst verantwortlich

Dass Menschen für sich selbst verantwortlich sind, klingt zunächst selbstverständlich. Fast schon so, als sei es eigentlich nicht mehr nötig, ein Wort darüber zu verlieren. Doch auch hier sieht die Realität oftmals anders aus. Wir alle kennen Menschen, die so leben, als hätten sie keine Verantwortung für sich selbst, wie im folgenden Beispiel: Ein Mann geht seinen Lebenspartner an: „Es ist deine Schuld, dass ich jetzt so traurig bin."

Wenn ein Mensch für sich selbst verantwortlich ist, dann trägt er die Verantwortung für sein Denken, Fühlen und Handeln. Hast du es schon einmal erlebt, dass jemand äußere Umstände dafür verantwortlich gemacht hat, dass er nicht das vom Leben bekommt, was er eigentlich haben will? Der Prüfer war gemein, die schlechte Erziehung ist schuld, und wenn der Job nicht wäre…

Macht ein Mensch äußere Umstände für sein Leben verantwortlich, dann gibt er seine Verantwortung ab

und macht sich damit von diesen Umständen abhängig. Natürlich haben äußere Umstände einen Einfluss. Doch wie häufig wird beispielsweise in Liebesbeziehungen die Verantwortung für das eigene Wohlbefinden an den anderen abgegeben? „Du machst mich glücklich/traurig/ärgerlich." Der andere macht das? Da wird an „den anderen" eine Menge Macht und Verantwortung abgegeben. Wie viel Selbstgestaltungsfreiheiten würde man zurückgewinnen, wenn man nach der Prämisse leben würde: „Für **meine** Gefühle bin **ich** selbst zuständig." Das würde aber auch bedeuten, dass man für seine Gefühle Verantwortung übernehmen müsste. Schon der sprachliche Ausdruck zeigt („Du machst mich..."), wie es um die eigene Grundüberzeugung bestellt ist. Die Selbstverantwortlichkeit hat in einem solchen Fall noch Entwicklungs-potential.

Es gibt noch einen weiteren Aspekt der Grundüberzeugung „Selbstverantwortlichkeit":

Wenn ein Mensch für sich selbst verantwortlich ist, dann sollte ihm niemand diese Verantwortung rauben. Denke nur an Situationen, in denen es der eine dem anderen recht machen will. Wer das tut, übernimmt Verantwortung für den anderen. Dabei ist der eine nicht nur übergriffig, weil er für den anderen das Denken übernimmt, sondern er schwächt mit solchem Verhalten auch die Selbstverantwortlichkeit desjenigen, für den er die Verantwortung übernimmt.

Beispiel: Ein Sportlehrer hat für seine Kollegin „mal wieder" die Spielbälle nach der Sportstunde weggeräumt. Ihre Nachlässigkeit ärgert ihn. Er denkt sich: „Aber irgendwer muss die Bälle ja wegräumen, sonst werden sie geklaut." Mit einer solchen Verantwortungsübernahme für die Kollegin sammelt der Sportlehrer negative „Beziehungspunkte" gegenüber seiner Kollegin in Form von unterdrücktem Ärger (was ihm nicht guttut). Er stabilisiert gleichzeitig auch mit seinem Verhalten ein „System in Schieflage" und macht es für die Kollegin unnötig, selbst Verantwortung zu übernehmen. Stell dir vor, der Kollege würde es, nachdem er die Kollegin zuvor freundlich darauf hingewiesen hat, „darauf ankommen lassen" und die Bälle liegen lassen. Es besteht nun die Gefahr, dass ein paar Bälle von anderen entwendet werden. Gleichzeitig wird seine Kollegin durch die eventuell auftauchenden Konsequenzen eingeladen, die Verantwortung für ihren Bereich zu übernehmen. Das System hat nun die Möglichkeit, sich neu und balanciert auszurichten.

Jeder Mensch ist für seine Entscheidungen, sein Denken, Fühlen und Handeln selbst verantwortlich. Übernimmst du einen dieser Bereiche für jemanden, verhältst du dich so, als wäre der andere nicht in der Lage, diesen selbst übernehmen zu können. Selbst wenn er dir dies durch sein Verhalten anbietet, ist es eine Entmündigung. Du bestätigst seine Selbstüberzeugung, dass er es selbst nicht könne, wodurch er nicht die Chance erhalten wird, sich zu entwickeln. Vielleicht bestärkt die Verantwortungsübernahme für den anderen dein eigenes Gefühl gebraucht zu werden und du glaubst der Beziehung sicher zu sein. Doch spätestens, wenn der andere sich aus der Abhängigkeit befreien will, zieht ein Drama am Himmel auf.

Auf den Punkt gebracht könnte man es so formulieren: „Wenn jeder an sich denkt, ist an alle gedacht." Dieser Spruch wird im Volksmund eher abwertend gebraucht. Ich ergänze ihn um ein „auch": „Wenn jeder auch an sich denkt, ist an alle gedacht." Eine solche Vorgehensweise schließt nicht aus, dass du auch an andere denkst.

Eine Herausforderung besteht darin, Not- und Krankheitssituationen, echte Hilfsbedürftigkeit, echte Zuwendung und ein Geschenk machen zu wollen von Beziehungsangeboten ohne diese echten Notwendigkeiten unterscheiden zu können. Es geht nicht darum, egoistisch zu sein, sondern es geht um Selbstrespekt. Mit der gleichen Achtung, mit der wir anderen begegnen, begegnen wir auch uns selbst. Für wen die Würde des Menschen einen Wert darstellt, der beachtet auch seine eigene Würde. Viele Menschen haben eine verschobene Grenze davon, was noch Selbstachtung ist und wann Egoismus anfängt. Diese verschobenen Grenzen haben sicherlich auch Vorteile für uns und andere. Dennoch denke ich, dass die Grenzen neu ausgelotet werden können. Das Bibelzitat: „Liebe deinen Nächsten **wie dich selbst**" könnte zur Prüffrage werden: „Wenn ich das tue, liebe ich mich selbst dann noch genauso wie meinen Nächsten?"

Sich selbst zu vernachlässigen, indem man zunächst an andere denkt, stellt für mich einen Weg zu Drama und langfristig verminderter Lebensqualität dar.

Deswegen halte ich es für zweckmäßig, grundsätzlich das eigene Wohlergehen bei jeglichen Tätigkeiten zu berücksichtigen.

Beispiel: Bisher hatte ich meine Geburtstage immer so gefeiert, dass ich einzig und allein für meine Gäste da war. Ich hatte das Essen vorbereitet und war während der Feier damit beschäftigt, meine Freunde zu bedienen - abräumen, Getränke servieren, begrüßen und verabschieden. Ich merkte, dass ich durch den ganzen Trubel meine eigene Feier weder genießen noch mich um meine Gäste in Form von anregenden Gesprächen kümmern konnte. Ich war einfach zu sehr gestresst. Also beschloss ich, mich zukünftig auch um mich selbst zu kümmern und mich mir „zuzumuten". Vor der nächsten Feier rief ich vertraute Freunde an und fragte, ob sie mich mit einer kleinen Arbeit während der Feier unterstützen könnten. Bereitwillig sagten alle zu. Der eine sollte abräumen. Andere sollten schauen, dass immer genügend Getränke bereitstanden. Wiederum andere achteten auf ein wenig Ordnung. Das machte ihnen nichts, im Gegen-teil. Sie fanden es sogar toll, etwas beitragen zu können. Ich hatte Zeit, mich um meine Gäste zu kümmern, konnte mich entspannen und war ein viel besserer Gastgeber. Wir hatten eine super Party. Nach dem gleichen Prinzip veranstaltete eine Freundin ihre Feier. Sie schrieb mir: „Ich habe vor vier Tagen angefangen einzukaufen - hier mal was, da mal was - und ich hatte keinen Stress. Claudia hat gegrillt, John hat die Kokosnüsse geöffnet, Sebastian half mir dabei, die Dekoration vorzubereiten. Ich konnte den Abend genießen und ich glaube, den anderen ist auch aufgefallen, dass alles mit Liebe vorbereitet war. Es war ein rundum toller Geburts-tag." Auch an sich zu denken hat in meinen Augen etwas mit Selbstwertschätzung zu tun und steht nicht im Widerspruch auch an andere zu denken. Auf diese Weise kann Selbstausbeutung/ Burnout vorgebeugt werden.

Diese Sichtweise kann langfristig die eigene Zufriedenheit steigern. Es ist zudem beziehungsfördernd, anderen aus einem Zustand heraus zu helfen, aus dem man auch für sich selbst gesorgt hat. Wer sich im heimlichen Wunsch nach Anerkennung und Beziehungsgarantien durch Investieren, Helfen und Geben zu sehr erschöpft, schadet sich und anderen.

Verantwortungsübernahme für sein eigenes Denken, Fühlen und Handeln ist nicht immer leicht. Im Gegenteil. In vielen Fällen musst du dich mit der Frage auseinandersetzen: „Welchen Beitrag habe ich zu der Situation geleistet?" Die daraus resultierende Selbsterkenntnis mit der entsprechenden Verantwortungsübernahme kann helfen, aus nicht zielführenden Aktionen zu lernen und sich zu entwickeln.

3. Das Drama-Dreieck

N un kommen wir zu einem Modell, das aus der psychologischen Richtung der Transaktionsanalyse stammt - dem Drama-Dreieck. Es spielt unter anderem eine wichtige Rolle in einem weiteren Konzept, dem der „Psychologischen Spiele". Manchmal verwende ich auch Ideen aus den Psychologischen Spielen, des besseren Verständnisses wegen. Buchempfehlungen zur weiteren Vertiefung dieser beiden Modelle findest du in der Literaturangabe. Außerdem kannst du auf www.TAplus.de tiefer in die Materie einsteigen.

Das Drama-Dreieck beschreibt drei mögliche Positionen, die zu unheilvollen Verstrickungen führen können. Es besteht aus der Retter-Position, der Verfolger-Position und der Opfer-Position. Mit dem Drama-Dreieck kann ein Interaktionsmuster dargestellt werden. Es deckt auch eine bestimmte Kommunikationsstruktur auf. **Menschen sind nicht per se Retter, Verfolger oder Opfer. Sie verhalten sich lediglich in bestimmten Situationen als solche.** Dabei blenden sie immer einen oder mehrere Aspekte der Realität aus oder werten ihn ab. Gleichzeitig vermeiden sie es so, ihr Beziehungskonzept und ihre Grundüberzeugungen hinterfragen zu müssen.

Ein Verhalten innerhalb des Drama-Dreiecks erzeugt Dramen in Beziehungen. Das bedeutet, dass sich letztendlich alle Beteiligten mindestens schlecht fühlen werden. Agierst du außerhalb des Drama-Dreiecks, dann nimmst du keine Rolle und damit eine neutrale Position ein. Keine Rolle einzunehmen hat mehrere Vorteile. Das vermeidet auf lange Sicht Beziehungs-dramen und trägt damit zu einem freudvollen Leben bei. Dem Drama wird von zwei Seiten Wind aus den Segeln genommen: Einmal, indem du selbst keine anderen Personen zum Drama einlädst. Und zweitens, indem du auf Einladungen von anderen nicht mehr eingehst. Damit gibst du der Negativspirale im Drama-Dreieck kein Futter. Die Alternative besteht also darin, erst gar nicht eine der Positionen einzunehmen, sondern die Verführungen zu erkennen und ihnen zu widerstehen.

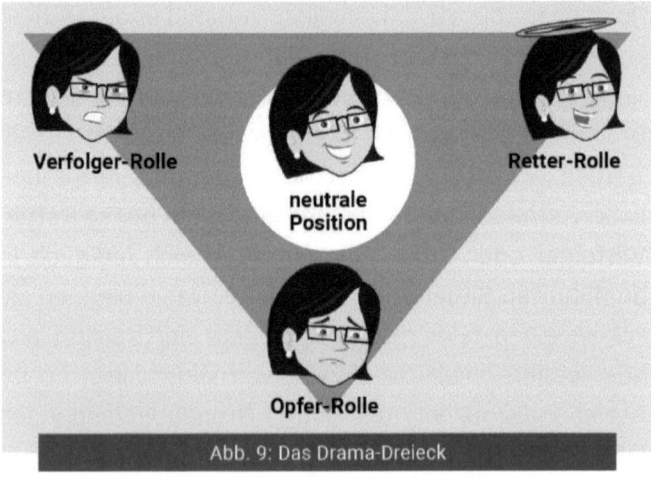

Verfolger-Rolle

neutrale Position

Retter-Rolle

Opfer-Rolle

Abb. 9: Das Drama-Dreieck

Warum spielen die Menschen Rollen im Drama-Dreieck

Das Drama-Dreieck wurde von Stephen Karpman entwickelt und 1968 vorgestellt. Es existiert also schon eine Weile. Er analysierte Geschichten und stellte fest, dass es einen **Reiz zu einem Rollenwechsel innerhalb des Drama-Dreiecks** gab.

Doch warum agieren Menschen innerhalb des Drama-Dreiecks? Die Antwort ist verblüffend einfach: Weil sie es so gelernt haben und so ihre gelernten Grundüberzeugungen immer wieder bestätigt werden.

Von klein auf wurden uns täglich die Rollen des Drama-Dreiecks vor Augen geführt. Drama-Spiele bieten wichtigen Schutz gegen die Fehler, Scham und Schmerzen der Kindheit. Sie sind wie eine schützende Schicht, die leider die darunterliegenden Wunden nur abdecken, aber nicht heilen. Ein weiterer Vorteil besteht darin, dass Beziehungen berechenbar bleiben. In Geschichten, in Filmen und von unseren Bezugspersonen werden uns diese Rollen vorgelebt. Tagtäglich begegnen wir ihnen. Als Kinder haben wir noch nicht die Möglichkeit, das vorgelebte Verhalten in einer Art und Weise zu hinterfragen, die den destruktiven Charakter der Rollen des Drama-Dreiecks aufdecken würde. In späteren Jahren erleben wir die Rollen des Drama-Dreiecks als Normalität und kommen nicht mehr auf die Idee, sie zu hinterfragen. Sicherlich hast du Lust auf einen Beweis.

Das Märchen vom Rotkäppchen

Wie die meisten kennst du bestimmt das Märchen vom Rotkäppchen.

Abb. 10: Rotkäppchen und der (böse) Wolf

Ist dir daran schon einmal etwas Merkwürdiges aufgefallen? Ich meine nicht, dass der Wolf sprechen kann. Sondern in Bezug auf die Lehre, die uns das Märchen mitgeben will? Nein? Dann habe ich ein paar Fragen an dich:

- Warum schickt eine Mutter ihre kleine Tochter in den Wald, obwohl es dort einen Wolf gibt?

- Warum gibt die Mutter Kuchen und Wein statt gesunder Nahrung für die kranke Großmutter mit?

- Warum wohnt die bettlägerige Großmutter allein im Wald? Sollte sie nicht intensivere Pflege bekommen?

- Warum ist die Tür zu Großmutters Haus nicht verschlossen, wenn es doch wilde Tiere gibt, die Türen öffnen können?

- Warum muss Rotkäppchen den Wolf quälen und ihm Wackersteine in den Bauch packen?

- Wer wird als der Bösewicht im Märchen gesehen, obwohl er sich eigentlich am natürlichsten verhält? Wölfe fressen nun einmal andere Lebewesen.

Spannend, nicht wahr? Glaubst du jetzt noch, dass Rotkäppchen ein gutes Märchen für Kinder ist? Am Märchen vom Rotkäppchen kannst du gut erkennen, wie die Charaktere ihre Positionen im Drama-Dreieck einnehmen. Rotkäppchen und die Großmutter besetzen zunächst die Opfer-Rolle, während der Wolf in der Verfolger-Rolle steckt. Später kommt der Jäger als Retter dazu und löst durch das Aufschneiden des Wolfsbauchs den Rollenwechsel aus. Der Wolf wird zum Opfer und Rotkäppchen, die Großmutter und der Jäger wechseln auf die Position des Verfolgers. Im Märchen ist der Wolf böse. Das Verhalten der anderen Charaktere wird unkritisch dargestellt. Wir sind die Guten, was die anderen machen ist schlimm. Und weil die anderen böse sind, haben wir das Recht, auch unethische Maßnahmen anzuwenden - so jedenfalls die Logik dieser Art von Geschichten. Der eigene Beitrag zu einer Situation wird nicht gesehen.

Geschichten, Filme und andere Medien sind voll von Opfern, Verfolgern und Rettern. Sie liefern uns zwar

Spannung, aber sie gaukeln uns auch vor, dass diese Dramen ein unabänderlicher Bestandteil unseres Lebens wären. Reizvoll, aber nicht zur Nachahmung empfohlen! Wenn wir selbst drinstecken, fühlt sich das gar nicht mehr so reizvoll an und die Verletzungen, die wir dabei davontragen, können ganz schön schmerzhaft sein.

Abb. 11: Auch Superman und Wonderwoman sind keine guten Vorbilder

Geht die Beziehung gar in die Brüche, landen wir im Jammertal und fühlen uns elend. Auch die von Werbung und Kinofilmen gezeichneten Charaktere spielen meistens innerhalb des Drama-Dreiecks. So lernen wir von klein auf anhand schlechter Vorbilder, Dramen als etwas Normales zu empfinden und sie zu reproduzieren. Wir können aber umlernen, um freudvollere Beziehungen zu gestalten.

Indem wir in den Rollen des Drama-Dreiecks handeln, versuchen wir unbewusst Intimität zu vermeiden. Intimität meint nicht Romantik, sondern den Austausch echter Gefühle. Das kann auch Ärger sein. Ein echtes Gefühl unterscheidet sich von einem unechten Gefühl darin, dass es hilfreich und unterstützend in der gegenwärtigen Situation ist. Angemessene Angst warnt vor Gefahren in der Zukunft, Ärger zeigt an, dass Grenzen verletzt wurden, Trauer hilft mit Vergangenem abzuschließen und Freude signalisiert, dass es so bleiben sollte, wie es gerade ist.

Bedürfnis nach Struktur

In der Transaktionsanalyse wird vom psychologischen Grundbedürfnis nach Struktur gesprochen. Um uns dieses Bedürfnis zu erfüllen, nennt die Transaktionsanalyse sechs Arten, wie wir unsere Zeit strukturieren können:

- Rückzug

- Rituale

- Zeitvertreib

- Aktivitäten

- Psychologische Spiele

- Intimität

Im Rückzug ist man, wenn man sich in seine Gedankenwelt zurückzieht. Du kannst keine Aufmerksamkeit von außen bekommen. Gleichzeitig gibt es auch keine Gefahr, von anderen verletzt zu werden. Bei Ritualen handelt es sich um festgelegte Abläufe wie beispielsweise Begrüßungen oder auch die traditionellen Abläufe zu Weihnachten. Alle Beteiligten kennen sie. Sie bieten nur wenig Aufmerksamkeit, aber viel Sicherheit. Zeitvertreib kannst du als Beisammensein ohne gerichtete Aktivität verstehen, Smalltalk auf einer Party zum Beispiel. Du bekommst ein wenig Aufmerksamkeit, aber sie ist noch immer relativ dürftig. Gleichzeitig musst du dich auch nicht zeigen und Farbe bekennen. Aktivitäten werden als zielgerichtete sinnvolle Handlungen verstanden - beispielsweise die Arbeit oder das Hobby. Die daraus resultierende Aufmerksamkeit ist schon höher. Gleichzeitig steigt auch das Risiko für Kritik.

Auf der nächsten Stufe stehen die „Psychologischen Spiele". Dabei handelt es sich um Kommunikationsabläufe mit einem verdeckten Motiv, an deren Ende alle Beteiligten **mindestens schlechte Gefühle** haben. Auf dieser Ebene bewegen wir uns auch mit dem Drama-Dreieck. Es ist ein Teilkonzept der Psychologischen Spiele. Eine Eigenheit der Psychologischen Spiele ist, dass ein sehr intensiver Austausch von Aufmerksamkeit möglich ist. Denn neben dem Bedürfnis nach Struktur ist ein weiteres psychologisches Grundbedürfnis das nach Aufmerksamkeit. Wir alle brauchen Aufmerksamkeit. Am besten ist natürlich Aufmerksamkeit, die sich gut anfühlt, Lob und Anerkennung zum Beispiel. Wenn wir diese nicht bekommen, nehmen wir auch Aufmerksamkeit, die sich nicht gut anfühlt. Kritik, aber auch Beschimpfungen und sogar Schläge zählen zu negativer Aufmerksamkeit. Das Schlimmste, was einem Menschen passieren kann, ist keine Aufmerksamkeit zu erhalten. Denn so etwas bedeutete in den Anfängen der Menschheitsgeschichte den sicheren Tod. **Menschen bekommen lieber negative Aufmerksamkeit als gar keine Aufmerksamkeit.** So lässt sich auch erklären, warum Menschen manchmal in für sie scheinbar unvorteilhaften Beziehungen verharren. Sie blenden Aspekte der Realität aus und glauben, dass es für sie keine Alternative gibt. Wer Psychologische Spiele spielt und sich damit im Drama Dreieck bewegt, bekommt also intensive Aufmerksamkeit. Gleichzeitig bleiben die wahren Motive verschleiert, was sie scheinbar nicht so verletzlich macht.

Wenn Menschen auf die Gewohnheiten der Psychologischen Spiele und die darin enthaltenen Dramen verzichten, kommen sie ihren wahren Bedürfnissen näher und werden dadurch mehr und mehr in die Lage versetzt, näher und echter miteinander umgehen zu können. Die Transaktionsanalyse nennt diesen Umgang, bei dem echte Gefühle und Bedürfnisse ausgetauscht werden, **Intimität**.

Alltägliches Familiendrama

Bisher kennst du nur die drei Namen der Rollen im Drama-Dreieck: Retter-Position, Verfolger-Position und Opfer-Position. Gleich zeige ich dir, dass du diese Rollen schon jetzt erkennen kannst. Zunächst stelle ich dir eine sich entwickelnde Familiensituation vor. Sie ist ein wenig überspitzt, aber nicht unrealistisch.

Ein Familienvater schimpft mit dem Kind wegen einer schlechten Note in Biologie.

Vater (zum Kind): „Das war das letzte Mal, dass du mit einer solchen Note nach Hause kommst."

Mutter (unterbricht den Vater): „Das ist nicht seine Schuld. Der Lehrer ist total einseitig."

Vater (zur Mutter): „Natürlich beschützt die Glucke ihr faules Küken. So wird nie ein richtiger Mann aus ihm."

Mutter (zum Kind): „Hör nicht auf deinen Vater." (weiter zum Vater): „Du und dein Oberlehrer-Gehabe. Du stiftest nur Unfrieden."

Kind (zum Vater): „Ja, genau."

Vater (brüllt): „Schluss jetzt!"

Mutter (fängt an zu weinen): „Du und dein Geschreie!" (verlässt den Raum)

Vater (zum Kind): „Da siehst du, was du angerichtet hast."

Abb. 12: Familiendrama

Lass uns nun das Drama-Dreieck auf die Dialoge anwenden: Auf der nächsten Seite findest du eine Tabelle mit den eben gelesenen Dialogen. Rechts daneben ist jeweils eine Spalte für die Figur der Mutter, des Vaters und des Kindes angelegt. Trage zu jedem Kommunikationsabschnitt eine passende Rolle aus dem Drama-Dreieck ein. Möglich sind:

- Retter

- Verfolger

- Opfer

- keine Rolle

Für die ersten beiden Dialoge habe ich die Rollen bereits eingetragen.

Dialog	Mutter	Vater	Kind
Vater (zum Kind): „Das war das letzte Mal, dass du mit einer solchen Note nach Hause kommst."	nicht beteiligt	Verfolger	Opfer
Mutter (unterbricht den Vater): „Das ist nicht seine Schuld. Der Lehrer ist total einseitig."	Retter	nicht beteiligt	Opfer
Vater (zur Mutter): „Natürlich beschützt die Glucke ihr faules Küken. So wird nie ein richtiger Mann aus ihm."			
Mutter (zum Kind): „Hör nicht auf deinen Vater."			
Mutter (weiter zum Vater): „Du und dein Oberlehrer-Gehabe. Du stiftest nur Unfrieden"			
Kind (zum Vater): „Ja, genau!"			
Vater (brüllt): „Schluss jetzt"			
Mutter (fängt an zu weinen): „Du und dein Geschreie!" (verlässt den Raum)			
Vater (zum Kind): „Da siehst du, was du angerichtet hast."			
Bevorzugte Rolle im Drama-Dreieck:			

Abb. 13: Rollenwechsel in der Familie

Die Lösung findest du unter: www.no-more-drama.de.

Es kann sein, dass Familien ihre Dramen über Jahre hinweg kultivieren. Kinder nehmen dann einen solchen Zustand innerhalb des Drama-Dreiecks als Normalität wahr und reproduzieren das Drama, wenn sie selbst erwachsen sind. So überträgt sich nicht förderliches Verhalten von einer Generation auf die nächste. Und selbstverständlich werden die Dramen dann auch außerhalb der Familie inszeniert - überall dort, wo sich Mitspieler finden lassen.

Jeder Mensch hat eine sogenannte „Lieblingsrolle". Damit ist die Rolle im Drama-Dreieck gemeint, die er am wahrscheinlichsten besetzt und mit der er am meisten vertraut ist. Wir befinden uns nicht immer im Drama-Dreieck, sondern eher in bestimmten Situationen und mit bestimmten Menschen.

Abb. 14: So überträgt sich nicht förderliches Verhalten von einer Generation zur nächsten.

Eine Besonderheit beim Agieren innerhalb des Drama-Dreiecks ist der Rollenwechsel. Bei diesem wechselt die Person, die zunächst die Retter-Rolle besetzt hatte, in eine der anderen beiden Rollen im Drama-Dreieck. Der Rollenwechsel kann bereits nach einem kurzen Austausch erfolgen, er kann sich aber auch über Jahre hinauszögern. Das kommt auf die Beschaffenheit der Drama-Struktur an: „Ich habe schon wieder die Wohnung geputzt - nie kannst du was im Haushalt machen." oder „Jahrelang habe ich dir deine Sachen hinterhergeräumt. Jetzt reicht es mir, ich ziehe aus!"

4. Die Positionen im Drama-Dreieck

I. Die Retter-Position

Abb.15: Die Retter-Position im Drama-Dreieck

Menschen, die die Retter-Position besetzen, werden von der Gesellschaft im Allgemeinen als großzügig und hilfsbereit wahrgenommen. Doch sie haben auch die Neigung, andere in ihrer Fähigkeit selbst nachzudenken und selbstverantwortlich zu handeln unbewusst abzuwerten. Ihre grundsätzliche und unreflektierte Idee, wie man mit anderen in Beziehung kommt, besteht darin, geben zu müssen. Nur wenn sie mehr geben als nehmen, glauben sie, in einer Beziehung

61

sicher verbunden zu sein. Sie tun dies aus einer fürsorglichen Elternhaltung heraus. Damit werden die Beziehungspartner tendenziell zu Kindern!

Abb. 16: Die Retter-Position: Zwei Seiten der gleichen Medaille

Beispiel: Du sitzt mit einer Gruppe abends am Lagerfeuer und beobachtest zwei Freunde. Als das Feuer im Verlauf des Abends schon ziemlich heruntergebrannt ist, beginnt die Frau sich darüber zu beklagen, dass ihr kalt ist. Wie könnte sich ihr Freund verhalten, wenn er die Retter-Rolle besetzen würde?

Abb. 17: Wie könnte er reagieren?

Er könnte ungefragt damit beginnen, neues Holz zu sammeln, um anschließend das Feuer zu schüren. Oder er könnte ungefragt aufstehen, um ihr eine Jacke zu holen. Oder er könnte damit beginnen, gut gemeinte Ratschläge zu erteilen. Tatsächlich würde er mit all diesen Tätigkeiten ihre Selbstverantwortlichkeit und ihre Fähigkeit, selbst aktiv zu werden oder um etwas zu bitten, in Abrede stellen. Außerdem würde er einen Beitrag zum Weiterbestand ihrer demonstrierten Hilflosigkeit leisten, denn die Frau hat durch seine elterlich übertriebene Fürsorge keinen Grund, eigenverantwortlich aktiv zu werden. Jemand anderes übernimmt das Denken und vielleicht auch das Handeln für sie.

Menschen, die die Retter-Position besetzen, werden gesellschaftlich nicht als problematisch wahrgenommen, eher als hilfsbereit. Aber mit ihren „Rettungsaktionen" schwächen sie ungewollt ihr „Opfer". Der Freund, der einer Freundin die Jacke holt oder ungefragt das Feuer schürt, fördert sie weder in ihrer Selbstverantwortlichkeit noch in ihrer Fähigkeit, sich eigene Gedanken zu machen. Objektiv betrachtet ist sie ist alt genug für beides: Sich um sich selbst zu kümmern und sich eigene Gedanken zu machen, wie ihr wieder warm werden könnte, oder um etwas zu bitten.

„JA, ABER das ist doch einfach nur nett vom Freund." Er meint es sicherlich gut mit seiner Freundin. Daran besteht kein Zweifel. Faktisch gesehen könnte sie sich aber auch eine eigene Jacke holen, das Feuer selbst schüren oder ihn direkt darum bitten. Es geht nicht darum, unfreundlich oder faul zu sein. Auch darfst du weiterhin hilfsbereit sein. Der Teufel steckt im Detail. Es geht darum, das Retten innerhalb des Drama-Dreiecks zu unterlassen. Und das bedeutet beispielsweise keine ungefragte Hilfe zu leisten, wenn du schlechte Erfahrungen damit gemacht hast. Alles kann gut ausgehen. Sie sagt dankbar „Danke!" und freut sich sichtlich. Es kann aber auch sein, dass sie sich beschwert, dass er ihr eine zu dünne Jacke gebracht hat (Wechsel vom Opfer in den Verfolger). Oder es kann durchaus sein, dass der Freund hinterher in die Verfolger-Rolle wechselt und die Freundin anklagt: „Immer muss ich dir dein Zeug holen. Werd mal erwachsen!" Ein solcher Wechsel von der Retter- in die Verfolger-Position kann schnell passieren, er kann aber auch erst nach einem längeren Zeitraum auftauchen.

Außerdem kann die Freundin tatsächlich für sich sorgen.

„JA, ABER ich sehe doch, wenn meiner guten Freundin etwas fehlt!" Häufig entstehen Missverständnisse zwischen Menschen, weil sie eine Beobachtung falsch interpretieren. Die zusammengekniffenen Augenbrauen werden dann als „schlechte Laune" interpretiert, obwohl das Gegenüber nur scharf nachdenkt. Tatsächlich können wir nicht wissen, was mit anderen los ist, bis wir es erfragt haben. Erst dann haben wir Klarheit aufgrund einer konkreten Aussage. Freunde, Paare und Kollegen vermeiden häufig einen solchen Dialog, weil sie glauben, es reiche aus, dass sie den anderen ja bereits eine Weile kennen. Durch diesen Irrglauben wird Raum für Missverständnisse geschaffen, die nicht selten ins Drama führen.

Verantwortungsvolle Personen geben sich nicht der Arroganz hin, ihre Mitmenschen „in und auswendig" zu kennen. Sie fragen nach und lassen sich von ihrem Gegenüber sagen, wie es tatsächlich ist. Das vermeidet Missverständnisse und fördert echtes Verstehen.

Neulich hatte ich ein Chatgespräch mit einer Freundin. Als ich ein freundlich gemeintes „hahaha" schrieb, interpretierte sie es als hämisches Lachen. Dementsprechend angegriffen reagierte sie. Beim späteren Telefonat konnten wir die Fehlinterpretation ausräumen. Beim Chatten, wo wir lediglich Worte zur Verfügung haben, entstehen Fehlinterpretationen sehr schnell. Uns fehlen Informationen aus dem Stimmklang und der Körpersprache. Doch auch im echten Gespräch verstehen wir Dinge häufig genug anders, als sie gemeint waren.

In unserem Beispiel hat die Freundin lediglich verbal oder nonverbal demonstriert, dass ihr kalt sei. Der Freund leitete daraus ab, dass er sich nun um die Freundin kümmern müsse. Würde er sie als selbstverantwortlich und erwachsen betrachten, dann würde er zumindest fragen, ob er etwas für sie tun kann. Die Abwertung der Fähigkeit zur Selbstverantwortlichkeit kann in einer Falle münden, sie muss aber nicht. Habe ich allerdings schon schlechte Erfahrungen mit ungefragten Hilfeleistungen gemacht, ist hier ein Lernprozess hilfreich. Fragen hilft weiter!

Gesellschaftlich betrachtet war der Freund ein Gentleman, der einer Freundin etwas Gutes tut. Das wird meistens belohnt. Andere könnten sagen: „Das ist ein richtig aufmerksamer Freund." Gleichzeitig hat er ihr aus einer unterschwelligen Einladung heraus ungefragt Hilfe geleistet. Durch das Klagen hat sich die Frau hilflos dargestellt, was sie ja in Wahrheit gar nicht ist. Durch sein „gentlemanhaftes" Verhalten fördert er ihre Hilflosigkeit. Gleichzeitig reproduziert er das klassische Rollenbild des starken Mannes, der eine arme schwache Frau beschützt - der Retter-Mann und die Opfer-Frau. Diese häufige Kombination zwischen Menschen ist für viel Drama verantwortlich. Denn sie fördert ein Ungleichgewicht von Unterverantwortlichkeit auf der einen und Überverantwortlichkeit auf der anderen Seite. Diese Disbalance kann auf Dauer zu

Vorwürfen, Stress und Drama führen, sie kann aber auch lebenslang in Disbalance und Abhängigkeit verharren.

Können wir von solchen, leider sehr etablierten Vorstellungen, loslassen und sie mit selbstständigem Denken hinterfragen, dann besteht die Möglichkeit, echte Männlichkeit und echte Weiblichkeit auch außerhalb der normierten und klassischen Rollenbilder zu finden.

Warum nehmen Menschen die Retter-Position ein?

Menschen besetzen die Retter-Position, weil es sie in eine scheinbar hilfreiche Position bringt. Ihre Lebensgrundposition lautet: „Ich bin okay, aber du bist nicht okay." Sie haben in ihrer Kindheit gelernt, dass sie mit Hilfsangeboten und ihrer kindlichen Fürsorglichkeit gut bei Mama oder Papa ankamen. Um fürsorglich sein zu können, müssen sie in ihrer Wahrnehmung auf die Defizite ihrer Bezugspersonen fokussiert sein. Das heißt, alle Menschen, mit denen sie es zu tun bekommen, sind auf irgendeine Art defizitär und brauchen demzufolge Unterstützung.

Meistens bleiben die Motive für Rettungsaktionen im Dunklen verborgen. Wie würde sich der Freund am Lagerfeuer fühlen, wenn seine Freundin sich beklagt, er aber nicht aktiv werden würde? Könnte in ihm ein Unbehagen aufsteigen? Gäbe es die Möglichkeit, dass er sich vielleicht nicht mehr als „männlich" fühlen würde oder gar als überflüssig? Er sagt möglicherweise innerlich zu sich selbst: „Aber der Frau muss doch geholfen werden!" - ein Indiz dafür, dass er sich ohne Rettungsaktion schlecht fühlen würde. Der Freund könnte von klein auf gelernt haben: „Sei hilfreich, nur dann bist du in Ordnung."

Woran kann man einen Menschen, der rettet, erkennen?

Ein Mensch, der die Retter-Position besetzt:

- sorgt sich um andere: Der Vater beklagt sich am Telefon darüber, wie schrecklich alles ist. Die Tochter verfällt immer mehr in Sorge um ihren Vater und fühlt sich verpflichtet, ihrem Vater unter die Arme zu greifen.

- hilft, ohne um Hilfe gebeten worden zu sein: Ein Teilnehmer liest während eines Seminars laut vor. Er kann etwas nicht richtig lesen. Sofort kommt ein anderer Seminarteilnehmer zu Hilfe und ergänzt das entsprechende Wort.

- tut Dinge, die er eigentlich nicht tun will: Er bietet seine Übersetzer-Fähigkeiten an - ohne Gegenleistung. Erst später bemerkt er, dass er sich eigentlich damit verausgabt und überfordert.

- gibt gut gemeinten Rat, ohne darum gebeten worden zu sein: Ein Freund beklagt sich über ein

Problem. Der Retter interpretiert sein Klagen als Suche nach Rat und gibt umgehend gut gemeinte Tipps.

- macht andere von sich abhängig: Eine Studentin schreibt für ihren Freund die Hausarbeit. Sie denkt: „Ohne mich würde er das nie schaffen."

- kann nur sehr schlecht oder gar nicht um Rat oder Unterstützung bitten: Sie will die Wohnung umräumen, traut sich aber nicht, jemanden um Hilfe zu bitten, und stemmt die schweren Möbelstücke allein.

Rollenwechsel

Menschen, die bevorzugt die Retter-Rolle besetzen, haben folgende Möglichkeiten des Rollenwechsels:

- Vom Retter zum Verfolger: Sie retten zunächst und klagen dann das Opfer an. „Ständig räume ich dir deine Sachen hinterher!"

- Vom Retter zum Opfer: „Ich habe mein Bestes gegeben, aber es hat nicht ausgereicht. Mein Freund ist in der mündlichen Prüfung durchs Studium gefallen."

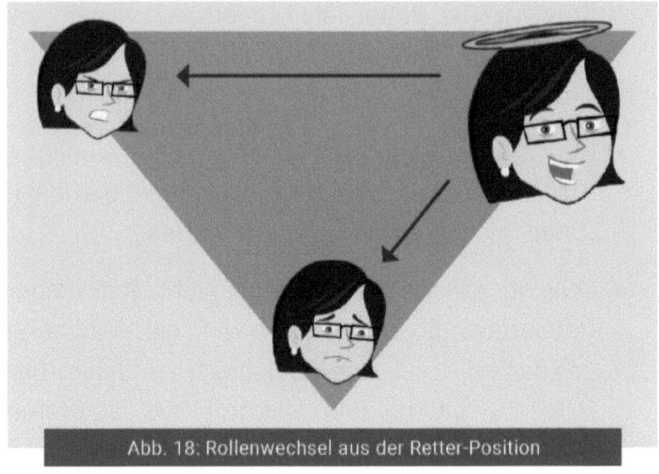

Abb. 18: Rollenwechsel aus der Retter-Position

Damit schwächen sich Menschen, die die Retter-Position einnehmen

Menschen mit der Lieblingsposition des Retters vergeuden ihre Energie im Bindungsaufbau zu anderen Menschen. Oft sogar an Menschen, zu denen sie bewusst gar keine Beziehung wollen: So fällt es ihnen zum Beispiel häufig schwer, einen Vertreter bei einem Türverkauf abzuweisen. Sie suchen also die Bindung zu anderen, statt auf sich selbst zu achten und für sich selbst zu sorgen. Indem sie es anderen recht machen wollen oder sich einen Grund suchen, nach ihrer Rettungsaktion andere anzuklagen, bleiben sie nicht bei sich und erschöpfen sich im Außen. Das bedeutet, dass Menschen, deren Lieblingsposition der Retter ist, häufig kein oder nur ein schwaches Gefühl für ihre eigenen Wünsche und Bedürfnisse entwickelt haben. Stattdessen haben sie feine Antennen für ihre Umwelt entwickelt, an der sie sich abarbeiten.

Abb. 19: Personen, die die Retter-Position bevorzugt einnehmen, haben ein sehr feines Radar für das, was andere wollen und einen schlechten Zugang zu ihren eigenen Bedürfnissen.

Ich möchte dir eine Geschichte vorstellen, die sehr schön die Retter-Position veranschaulicht.

Die Geschichte vom Drachen
(von Gabor von Varga)

Es war einmal vor langer Zeit ein Junge, der hieß Georg. Später nannte man ihn den heiligen Georg, aber das kam erst nach einem Missverständnis darüber, was eigentlich mit dem Drachen passiert ist.

Georg wuchs in guten Verhältnissen auf und half gerne. Er half seiner Mutter, dem Koch und dem Gärtner, er half der Magd und kranken Tieren, kurz: Er half jedem, der sich helfen ließ oder zu schwach war, um Nein zu sagen. Seinem Vater half er weniger, aber das kam daher, dass er wie sein Vater sein wollte und es nicht war.

Auch dem alten Torwächter vom Schloss seines Vaters half er nicht, weil der ihm nämlich sagte, dass er seine Sache lieber alleine mache. Das tat er Georg gegenüber einmal ziemlich unwirsch kund, indem er ihn einfach hochhob und vor die Tür setzte, als Georg gerade dabei war, für ihn die Zugbrücke herabzulassen, um eine Schar fremder, bedrohlich aussehender Ritter einzulassen.

Solche kleinen Missverständnisse gab es ab und zu im Leben des jungen Georg — doch die meisten Leute, speziell die, denen er nicht geholfen hatte, meinten, er sei ein feiner Kerl.

So wuchs Georg zum Ritter heran, der sich darauf spezialisierte, Jungfrauen zu retten, die von Drachen behütet wurden. Der Grund war, dass Georg merkte, dass er für all seine hilfreichen Handlungen immer weniger Dank bekam. Die einen meinten, es sei selbstverständlich, dass er ihnen helfe, die anderen meinten, er könne ihnen nicht helfen und bewiesen es ihm auch. Auf jeden Fall wurde ihm immer geringerer Dank zuteil und viel weniger, als er erwartete. So schienen ihm Drachen und Jungfrauen als eine gute Lösung: Wenn er Drachen bekämpfte, zeigte er sich als

Held (woran er in seinen schwachen Stunden doch manchmal zweifelte...). Und Jungfrauen, die hilflos einem Drachen ausgeliefert waren, würden sich gewiss so dankbar erweisen, wie er es sich in seinen Träumen vorstellte.

Eines Morgens, die Sonne schien gar hell und Georg hatte schon mehr als einen halben Tag niemandem geholfen, da gelüstete es ihn, Gutes zu tun. Mit einem Drachen zu kämpfen und eine schöne Jungfrau zu retten schien ihm genau das Richtige zu sein. Und so zog er sich den Harnisch und seine besten Asbesthandschuhe an, denn um gut gegen Drachen zu kämpfen, musste man selbst recht unverwundbar sein. Er stieg auf sein Pferd und ritt aus der väterlichen Burg in den Wald hinein, wo er schon in der Ferne eine kleine Rauchwolke sich kräuseln sah.

Er hatte dort einen Drachen vermutet, doch als er näher kam, sah er, dass sich dort nur die Holzfäller ihr Süppchen wärmten. Er war enttäuscht und etwas ärgerlich. Die Holzfäller hatten seine Ausrüstung zwar mit Neid, doch auch mit Spott betrachtet und hatten von Drachen und Jungfrauen keine Ahnung. Es waren auch recht grobe Kerle. So ritt er weiter und sah schließlich von einer Anhöhe aus ein Wölkchen Rauch aus einer Höhle aufsteigen.

Je näher er kam, umso höher schlug sein Herz und er war sich seiner ganzen Kraft bewusst. Er malte sich aus, wie er mit dem Drachen umgehen würde. Jahrelang hatte er sich im Drachentöten mit all seiner

Vorstellungskraft geübt und es gab keinen Zweifel, dass er der armen Jungfrau helfen könnte.

Schließlich sah er den Drachen - nicht ganz so groß, wie er ihn sich vorgestellt hatte, doch groß genug, um sich mit ihm ein Gefecht zu liefern. Der Drache schnob Feuer und sah recht eindrucksvoll aus und was am wichtigsten war: An eines seiner zahlreichen Gliedmaßen war eine wunderschöne Jungfrau angekettet.

Abb. 20: Der Drachen: Leider nicht ganz so groß

Wie er es im Drachentöterkurs gelernt hatte, fragte Georg, ob das arme Opfer denn auch gerettet werden wolle. Die Jungfrau nickte und schlug ihre Augen süß nieder. So war Georg nun doppelt eifrig, den Drachen zu töten, wusste er doch endlich, dass ihm jemand auf die lieblichste Weise danken würde.

Er ritt auf den Drachen los und schwang sein Schwert so gewandt, dass er das Ungeheuer mit wenigen Hieben in den Tod beförderte und dabei auch recht ritterlich aussah. Als der Drache seinen letzten Schnaufer getan hatte, löste Georg die Jungfrau aus ihren Banden und setzte sie vor sich aufs Pferd. Sie dankte ihm herzlich und konnte sich gar nicht genug tun, zu schildern, wie wunderbar es war, als sie ihn zum ersten Mal erblickte und wie er dann näher kam und sie artig gefragt und begrüßt hatte. Und zu Georgs größtem Vergnügen wiederholte sie die Geschichte mit immer neuen feinen Abwandlungen, ohne dass es ihm auch nur einen Moment langweilig geworden wäre.

So ritten sie in die Welt hinein und es geschah, dass die Jungfrau eine Zeitlang schwieg. So erinnerte Georg sie an eine kleine Einzelheit in seinem Kampf um ihre Errettung, die sie wohl nicht bemerkt hatte, und mit Vergnügen erzählte sie die Geschichte nun von Neuem.

Georg war zufrieden. Aber nach dem dritten Tag ihres Rittes begann die Jungfrau, sich mehr und mehr für die Blumen am Wege, die Berge und die Flüsse zu interessieren und schon bald hatte sie einen halben Tag lang nicht mehr über ihre wunderbare Rettung durch Georg gesprochen.

Es verdross ihn richtig, sie so froh zu sehen, ohne dass sie sich ständig bewusst war, dass sie diese ganze schöne Welt nur ihm verdankte. Und so fragte er: „Freust du dich, dass ich dich gerettet habe?" Und sie antwortete: „Ja, mein Ritter." Und sie umschlang ihn zärtlich. Doch ihn grämte es, dass sie die wundersame Geschichte nicht noch einmal wiederholte. Er fragte sie: „Hättest du es wohl alleine geschafft, dem Drachen zu entrinnen?" „Nein, mein Ritter," antwortete sie etwas beklommen.

Georg grübelte weiter und kam schließlich zur Lösung seines Problems. „Siehst du, du hättest dir nicht alleine helfen können und ich habe dich errettet und dir die schöne Welt wiedergegeben. Deshalb musst du mir nun auch recht dankbar sein und tun, was ich dir sage."

Das Maidlein brauchte sich gar nicht umzudrehen - sie konnte den Schwefelgeruch, der ihr vom Drachen nur allzu bekannt war, schon riechen, sie konnte schon die Schuppen spüren und die grünlichen Gliedmaße schimmern sehen. Ein neuer Drache war auf die Welt gekommen...

II. Die Verfolger-Position

Abb. 21: Die Verfolgerposition im Drama-Dreieck

Menschen, deren Lieblingsrolle die Verfolger-Position ist, werden häufig als dogmatisch, selbstgewiss oder streng wahrgenommen. Sie verstehen es, andere in die Defensive einzuladen. Ihnen ist es wichtig, sich überlegen zu fühlen. Sie wissen genau, was richtig und was falsch ist, und denken stark in schwarz-weiß Kategorien. Sie treten oft auf wie überkritische Eltern oder Lehrer.

Personen aus der Verfolger-Position werten häufig andere in ihrer Person ab. Wir erinnern uns an die Lebensgrundposition: „Die Menschen sind in Ordnung." Verfolger besetzen die Position. „Ich bin in Ordnung, die anderen sind nicht in Ordnung.", so wie es auch die Retter tun.

„Mein Chef wird nie eine echte Führungskraft.", „Meine Ex ist beziehungsunfähig.", „Alles Idioten" - Das könnten Äußerungen eines Menschen sein, der die Verfolger-Position besetzt.

Betrachten wir die Verfolger-Position bei unserer Lagerfeuer-Situation. Stellen wir uns vor, die Freundin besetzt die Verfolger-Rolle: „Was seid ihr denn für welche, wenn ihr nicht einmal ein Feuer anständig am Brennen halten könnt?" Oder der Freund am Lagerfeuer sieht die Freundin zittern und wechselt in die Ankläger-Rolle: „Ich habe dir gesagt, dass du dich warm anziehen sollst, aber du wusstest es ja besser. Das hast du jetzt davon."

Abb. 22: „Ich hab's dir ja gesagt!"

Woran kannst du eine Person in der Verfolger-Position erkennen

- Personen, die die Verfolger-Rolle besetzen:

- wissen es besser: „So ist das richtig.", „Das macht man so.", „Das gehört sich nicht."

- streben danach, hierarchisch überlegen zu sein: Der Verfolger bestimmt im Café den Platz, geht voraus.

- beschuldigen andere: „Das ist allein deine Schuld."

- wollen Recht haben: Sie streiten solange, bis andere ihnen Recht geben.

- schüchtern andere ein: „Wenn Sie nicht machen, was ich sage, dann haben Sie hier demnächst eine schwere Zeit.", „Du wirst schon sehen…"

- versuchen, andere sich schuldig fühlen zu lassen: „Ich hatte nur eine kleine Bitte, aber nicht einmal diese kannst du mir erfüllen."

- sind beleidigt, ignorieren andere, beziehen sie nicht ein.

- brechen die Unterhaltung ab und verlassen den Raum: Während einer sachlichen Kritik verlässt ein Kollege schimpfend über die Dummheit der Kollegen den Raum.

Abb. 23: Körperliche Gewalt ist auch Ausdruck des Verfolgers

Warum nehmen Menschen die Verfolger-Position ein?

Verfolger verfolgen, weil sie sich durch ihr Verhalten eine Rechtfertigung schaffen, sich intelligenter, stärker und überlegen zu fühlen. Sie vertreten die Grundüberzeugung: „Ich bin okay, die anderen sind nicht okay." Diese Grundüberzeugung bestätigen sie sich, indem sie andere Personen zu ihren Opfern machen. Menschen, deren Lieblingsposition der Verfolger ist, brauchen andere Menschen, denen sie sich überlegen fühlen können. Seien es die Nachbarn, Freunde oder die andere Fußballmannschaft. Der Gedanke, mit anderen auf Augenhöhe zu stehen, bereitet ihnen Unbehagen. Doch tatsächlich liegt im „nicht besser"-Sein eine Chance für sie. Dazu später mehr.

Rollenwechsel

Aus der Verfolger-Position haben Menschen diese Möglichkeiten zum Rollenwechsel:

- Vom Verfolger zum Opfer: Sie klagen zunächst an und werden als Resultat ihres Verhaltens zum Opfer: Nachdem er sie ständig kritisiert hatte, beendet sie von einem auf den anderen Tag die Beziehung. Er weiß gar nicht, wie ihm geschieht.

- Vom Verfolger zum Retter: Sie klagen das Opfer an und retten es dann doch wieder: „Immer gehst du zu spät ins Bett und ich muss dich am nächsten Tag aus dem Bett holen."

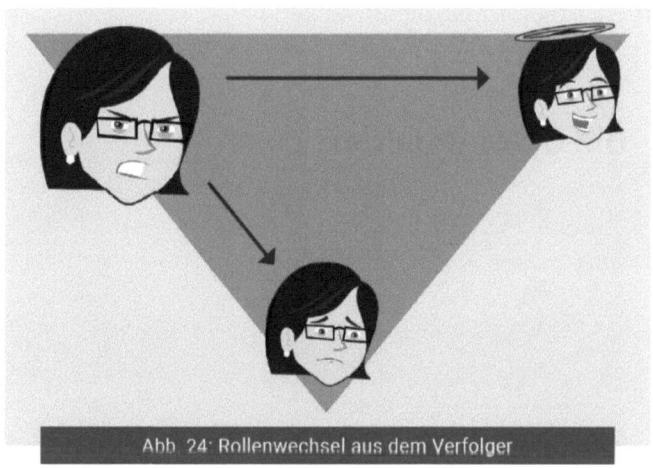

Abb. 24: Rollenwechsel aus dem Verfolger

Damit schwächen sich Menschen, die die Verfolger-Position einnehmen.

Menschen, die die Verfolger-Position einnehmen, isolieren sich selbst mit ihrem Wunsch, höher als andere stehen zu wollen. Es kann sein, dass Menschen, die bevorzugt in diese Rolle gehen, sich allein fühlen und wenig oder sogar keine Verbindung mit anderen Menschen spüren können. Sie spüren manchmal vielleicht eine gewisse Sehnsucht, die deutlicher wird, wenn sich diese Menschen emotional entwickeln. Menschen mit der Lieblingsposition des Verfolgers könnten Übungen in Demut guttun. Sie könnten anfangen, ihre eigenen Unzulänglichkeiten zu sehen und zu berücksichtigen und sich damit auf Augenhöhe mit anderen gesund zu schrumpfen. Sie könnten auch ihre teils sehr starren Einstellungen reflektieren und mehr Toleranz einziehen lassen.

III. Die Opfer-Position

Abb. 25: Die Opferposition im Drama-Dreieck

Menschen, die die Opfer-Rolle besetzen, präsentieren sich anderen gegenüber häufig als schwach und hilflos. Diese Personen werten ihre eigene Person, ihre Fähigkeit zu denken und ihre Selbstverantwortung ab. Sie zeigen nach außen ein schwaches Selbstbewusstsein.

Ein echtes Opfer ist - im Gegensatz zum Drama-Opfer - unverschuldet in einer Notsituation und trägt zu seiner

Situation selbst nichts bei, zum Beispiel ein Ertrin-
kender. Echte Opfer können unter anderem auch daran
erkannt werden, dass sie ihren Rettern gegenüber dankbar sind. Das hat nichts mit dem Drama-Dreieck zu tun.

Opfer im Sinne des Drama-Dreiecks tragen zu ihrer
eigenen Situation selbst etwas bei. Sie unternehmen
auch keine Anstrengung, um aus ihr herauszukommen,
und laden mit diesem Verhalten potentielle Retter im
Sinne des Drama-Dreiecks zu Rettungsaktionen ein. Ein
Drama-Opfer sucht sich also unbewusst seinen
passenden Drama-Retter oder -Verfolger und
umgekehrt. Es entsteht ein gefühlter Sog zwischen den
Rolleninhabern, der es für beide interessant macht, im
Drama-Dreieck zu kommunizieren.

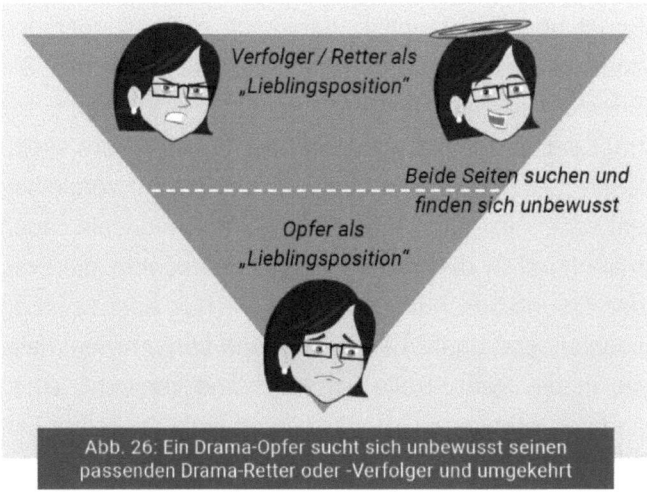

Abb. 26: Ein Drama-Opfer sucht sich unbewusst seinen
passenden Drama-Retter oder -Verfolger und umgekehrt

Stell dir vor, du sitzt wieder am Lagerfeuer und

beobachtest die Freundin, wie sie sich zusammenzieht und sich durch ihr Zittern hilflos inszeniert.

Abb. 27: Ein erwachsener Mensch weiß sich normalerweise zu helfen

Es ist unwahrscheinlich, dass sich ein gesunder und erwachsener Mensch nicht zu helfen wüsste. Die Freundin könnte mindestens nach Hilfe fragen. Sie trägt selbst zur Situation bei und tut nichts, um sie zu lösen. Opfer im Sinne des Drama-Dreiecks verbleiben entweder in der Opfer-Rolle oder wechseln auch manchmal in die Verfolger-Rolle. So könnte die Frau den Freund beschuldigen: „Ich friere hier, aber es ist dir anscheinend egal." Es könnte auch vorkommen, dass sie in die Retter-Rolle wechselt und versucht, einen anderen Menschen zu wärmen, obwohl ihr selbst kalt ist.

Woran können Personen, die die Opfer-Rolle besetzen, erkannt werden?

Personen, die die Opfer-Rolle besetzen

- geben sich hilflos: Augenklimpernd fragt sie ihren Freund: „Kannst du für mich an der Rezeption nach einem Handtuch fragen?" Hier bittet sie zwar, bleibt aber in ihrem Kindchen-schema klein und hilflos.

- wollen bemitleidet werden: „Ich habe es ja versucht, aber dann geschah das Schlimme…"

- hoffen, dass sich die Dinge von allein ändern: „Ich habe gerade Stress mit meinem Partner. Hoffentlich wird es wieder."

- passen sich anderen an: „Was wollen wir machen?", „Mir egal, schlag du etwas vor."

- vermeiden Verantwortung: „Ich bin nicht daran schuld, dass mir das passiert ist."

Warum nehmen Menschen die Opfer-Position ein?

Personen, die sich anderen als Opfer darbieten, genießen viel Aufmerksamkeit in Form von Mitleid oder auch Verachtung. Wir alle brauchen Aufmerksamkeit von anderen. Dabei ist es zunächst zweitrangig, ob diese sich gut oder negativ für uns anfühlt. Schlimmer als negativ empfundene Aufmerksamkeit ist keine Aufmerksamkeit. Deswegen stellen es Menschen auch manchmal so an, dass sie negative Aufmerksamkeit erhalten, bevor sie komplett leer ausgehen.

Außerdem müssen Menschen in der Opfer-Position keine Verantwortung übernehmen, denn das tun die anderen für sie. Zudem kann das Opfer darauf hoffen, nicht selbst aktiv denken oder handeln zu müssen. Nach dem Motto: „Die anderen machen das schon" können solche Menschen häufig geistig und körperlich träge bleiben.

Sie haben Angst davor, etwas falsch zu machen oder bei anderen dumm dazustehen. „Was wohl die anderen von mir denken?" Deswegen überlassen sie ihren Mitmenschen das Feld und verharren in der Opfer-Position. Manchmal eher grollend und manchmal eher jammernd.

Rollenwechsel

- Vom Opfer zum Verfolger: Sie werden selbst nicht aktiv in Bezug auf eigenständiges Denken und Selbstverantwortung. Mit diesem Verhalten schaffen sie sich eine Rechtfertigung, andere bezüglich ihrer Entscheidungen anzuklagen. „Du Egoist, nie nimmst du Rücksicht auf mich."

- Vom Opfer zum Retter: Manchmal sieht ein Opfer seine Chance, sich zu beweisen. Dann findet ein

Rollenwechsel zum Retter und eine Rettungsaktion im Sinne des Drama-Dreiecks statt. Die
Wahrscheinlichkeit, dass die Rettungsaktion
nicht erfolgreich ist, ist bei Personen, die
bevorzugt das Opfer besetzen, besonders groß.
Auf diese Weise kann ein Mensch seine
bevorzugte Opfer-Position erneut rechtfertigen.
Beispiel: Auf einer Bergtour hilft ein ohnehin
schon schwacher Wanderer einer anderen
Begleiterin. Dadurch schwächt er sich noch
weiter und kann später sein Versagen besser
rechtfertigen.

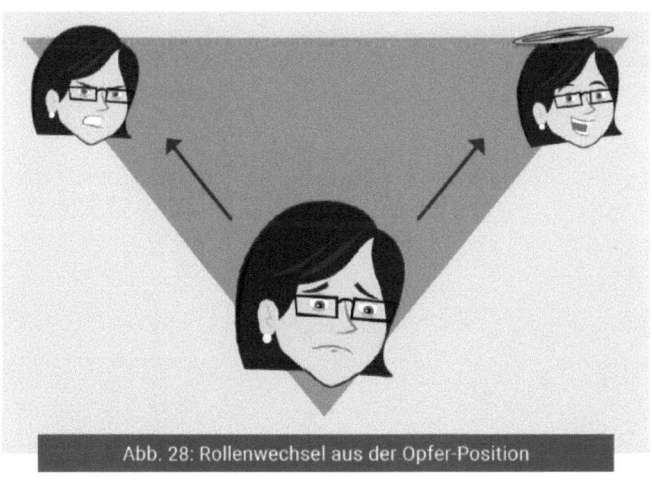

Abb. 28: Rollenwechsel aus der Opfer-Position

Damit schwächen sich Menschen, die die Opfer-Position einnehmen.

Personen, die bevorzugt die Opfer-Rolle einnehmen, sind sich häufig ihrer eigenen Möglichkeiten nicht bewusst. Oftmals von Angst gesteuert überlassen sie anderen sowohl das Denken als auch das Treffen von Entscheidungen. Sie erleben sich nicht als selbstwirksam und sorgen sich darum, was andere wohl über sie denken mögen. Auf diese Weise bekommen diese Menschen häufig nicht, was sie sich vom Leben wünschen und verbleiben in Hoffnung, statt aktiv zu werden. Es bräuchte einen mutigen Schritt aus der Komfortzone heraus, um die eigenen Vorstellungen in die Wirklichkeit umzusetzen.

5. Lösungsansätze

N achdem wir uns angesehen haben, wie die Rollen des Drama-Dreiecks aufgebaut sind und wie sie sich auswirken, möchte ich dir nun Möglichkeiten an die Hand geben, aus dem Drama-Dreieck auszusteigen oder erst gar nicht mehr einzusteigen.

Grundsätzlich kann es hilfreich sein, eine generelle Entscheidung gegen Dramen in Beziehungen zu fällen und sich stattdessen für Verantwortungsübernahme und aktive Beziehungsgestaltung zu entscheiden. Eine solche Entscheidung könnte so aussehen:

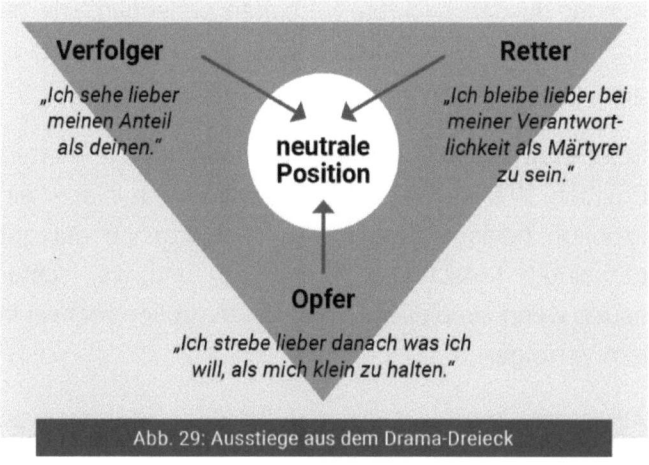

Verfolger

„Ich sehe lieber meinen Anteil als deinen."

neutrale Position

Retter

„Ich bleibe lieber bei meiner Verantwortlichkeit als Märtyrer zu sein."

Opfer

„Ich strebe lieber danach was ich will, als mich klein zu halten."

Abb. 29: Ausstiege aus dem Drama-Dreieck

Gleichzeitig möchte ich erwähnen, dass menschliche Kommunikation zu komplex ist, als dass es hundertprozentige Lösungen geben könnte. Die hier vorgeschlagenen Möglichkeiten darfst du testen, um zu sehen, ob sie für dich in der entsprechenden Situation funktionieren.

Die **Analyse des Dramas** ist eine Möglichkeit, um Bewusstsein in die Beziehung zu bringen und damit die Möglichkeit zu schaffen, den Umgang neu zu gestalten. Schon allein das Bewusstsein für die Rollen des Drama-Dreiecks in der jeweiligen Situation kann zu einer Haltungsänderung führen.

Ein weiterer wichtiger Schritt besteht im **Wissen um die eigene Lieblingsrolle** - wie man **sich in sie einladen lässt** und wie man sie auslebt.

Kannst du das konkrete Verhalten benennen, wie du dich in deine Rolle einladen lässt und wie du dann in deiner Rolle reagierst?

Beispielsweise ist meine „Lieblingsrolle" die Retter-Position. Wenn sich meine Freundin bei mir über ein Problem beklagte (Einladung), reagierte ich mit gut gemeinten Ratschlägen (Verhalten) und war später sauer, wenn sie diese nicht befolgte (Rollenwechsel in den Verfolger).

Als ich mir meiner „Lieblingsrolle" dann bewusst war, reagierte ich nur noch, indem ich zuhörte, Aufmerksamkeit für ihre Problemlage zeigte und Mitgefühl hatte. Eine wirkungsvolle Übung zur

Lieblingsrolle im Drama-Dreieck findest du unter: www.no-more-drama.de

Du könntest auch **das verdeckte Motiv benennen**: Das tat meine Freundin, die auf mein Necken und Sticheln hin sagte: „Na, möchtest du Aufmerksamkeit?" - und damit voll ins Schwarze traf.

Du kannst Einladungen ins Drama-Dreieck ignorieren. Tu so, als ob du die Einladung gar nicht gehört hättest, und mache mit dem weiter, was du bisher getan hast. Ein Freund schreibt mir eine Nachricht, in der er mir zum wiederholten Mal vom noch immer gleichen Problem mit seinem Geliebten erzählt. Ich ignoriere seine Nachricht.

Du kannst auch Alternativen zeigen, indem du die echten Bedürfnisse anbietest. Ein Beispiel: Zwei Freundinnen bereiten zusammen ein Abendessen zu. Dabei missfällt der einen die Art, wie die andere die Kartoffeln schält, und fängt an, aus der Verfolger-Position heraus Kritik zu üben. Darauf bietet die Freundin, die die Dynamik erkannt hat, eine Alternative an, indem sie erst sagt: „Ich kann verstehen, dass du deine Art des Schälens gewohnt bist." und danach eine der folgenden Antworten gibt:

- „Allerdings schäle ich gerade die Kartoffeln und möchte es auch auf meine Weise tun. Wenn du es willst, kannst du die Kartoffeln weiter schälen und ich decke inzwischen schon einmal den Tisch ein."

- „Ist dir die Art, wie ich Kartoffeln schäle, so wichtig, dass wir darüber diskutieren müssen? Lass uns stattdessen unsere knappe Zeit miteinander genießen."

- „Wie möchtest du, dass ich die Kartoffeln schäle? Zeig's mir mal. Vielleicht geht es so leichter."

Wenn du dir rechtzeitig einer Einladung in eine Position gewahr wirst und die Position dann bewusst einnimmst (z. B. Retter), bist du nicht in der Retter-Rolle und es kommt auch nicht zum Drama. Der Nachteil besteht darin, dass man den anderen in seiner Rolle bestärkt. Das halte ich bei gelegentlichen Treffen für aushaltbar. Bei einer dauerhaften Beziehung kann das zunehmend belastend werden. Außerhalb der prekären Situation lassen sich die Themen dann entspannter besprechen.

Nimm anderen den „Spaß" am Drama, indem du die Alternativen kennst.

Du kannst Drama-Verhalten **mit einer Haltung von Empathie und Neugier beobachten.** Um Empathie hervorzurufen, kannst du dir darüber bewusst werden, welches Leid das Drama-Verhalten seinem Träger schon verursacht hat und sicherlich noch verursachen wird - und wie schade das ist. Es kann ebenfalls Empathie hervorrufen, indem du dir klar machst, dass dein Gegenüber seine Bedürfnisse, so gut es eben geht, zu befriedigen versucht - mit den Fähigkeiten und Mitteln, die ihm gerade zur Verfügung stehen. Gleichzeitig kannst du schauen, wo du schon in den Rollen des Drama-Dreiecks agiert hast.

Neugier kannst du hervorrufen, indem du dich innerlich auf Distanz bringst und versuchst, die Situation wie ein kleines Kind zu beobachten, nach dem Motto: „Ah, so ist das." Du bist Zeuge der Geschehnisse. Gleichzeitig kannst du wahrnehmen, wie es sich anfühlt, wenn der Drang zu Reagieren in dir aufsteigt - ohne tatsächlich zu reagieren. Sei Zeuge deiner eigenen Körperempfindungen. Vielleicht gewinnst du bei der Beobachtung der Situation unter Zurückstellung deines automatischen Urteils neue Erkenntnisse, die dazu beitragen, das Drama zu beenden.

Beispiel: In einer Situation wollte ich mit meiner Freundin kuscheln. Doch diese war mir gram und wies mich zurück, indem sie sich wegdrehte. Sofort verurteilte ich ihr Verhalten und war drauf und dran mich ebenfalls abzuwenden und mich zurückzuziehen. Das hatte ich häufig schon so gemacht. Ich hatte mich dabei aber nur einsam gemacht. Sicherlich war Rückzug früher einmal ein hilfreiches Verhalten. Da erinnerte ich mich an die Methode, dem Drama mit Empathie und Neugier zu begegnen. Ich vermutete, dass sie wahrscheinlich gerade nicht aus ihrer Haut herauskonnte, genauso wie ich auch. Durch ihr Wegdrehen hatte sich meine Freundin in der Vergangenheit bestimmt schon von einigen nahen Personen distanziert und sich damit selbst abgeschottet. Durch diesen Gedankengang konnte ich mit ihr fühlen. Gleichzeitig beobachtete ich meine eigene Gefühlsreaktion mit Neugier. Ich spürte ein Drücken in der Brust. Es war Ärger, Ärger über die Zurückweisung. Ich fragte mich, ob es in dieser Situation etwas bringen würde, dem Ärger zu folgen und eine Handlung folgen zu lassen (mich ebenfalls wegzudrehen oder den Raum zu verlassen). Mir wurde klar, dass ich ja eigentlich die Zuwendung meiner Freundin haben wollte. Indem ich das Körpergefühl meines Ärgers weiter beobachtete, veränderte es sich. Ich lag im Bett und beobachtete einfach nur dieses drückende Gefühl in meiner Brust. Erst wanderte es, dann veränderte sich der Druck und dann löste es sich auf. Es war weg. Meine Freundin lag noch immer abgewandt von mir. Plötzlich hatte ich nur noch Mitgefühl für die Situation meiner Freundin, die durch ihr Verhalten eigentlich auch nur unbeholfen nach Zuwendung suchte. Aus der Haltung des Mitgefühls heraus streichelte ich meiner Freundin den Kopf und wie durch ein Wunder ging sie darauf ein. Wir hatten es geschafft unser Drama zu überwinden und sind zur Intimität gewechselt.

In diesem Fall hat mein neues Verhalten zum Erfolg geführt. Ich folgte meiner Intuition frei von Ärger und es funktionierte. Es hätte aber gut sein können, dass meine Freundin ärgerlich darauf reagiert hätte. Vielleicht hätte dann ein Angebot zum Reden funktioniert. Menschen sind zu komplex, als dass es die einzig wahre Lösung gäbe.

Noch eine andere Möglichkeit besteht darin, sich **Freunde zu suchen, die ein gesundes Klima von Anerkennung pflegen**. Das heißt, dass sie keine

Probleme damit haben, Komplimente und anerkennende Worte zu geben und zu empfangen und gleichzeitig versuchen, Geringschätzung zu vermeiden.

I. Lösungsansätze für Menschen, die bevorzugt die Retter-Position besetzen

Menschen, die bevorzugt die Retter-Position besetzen, dürfen lernen, auch für sich selbst zu sorgen. Das hören sie häufig nicht gern. Sie wollen nicht als Egoisten gelten. Doch hat ein „gesunder Egoismus", auch Selbstfürsorge genannt, langfristig gesehen mehr Vor- als Nachteile. Ein Mensch, der seine Bedürfnisse nicht ausblendet, kann aus dem Vollen heraus agieren und bleibt sich dabei selbst treu. Ein Mensch hingegen, der aus einer Retter-Position agiert, nimmt sich selbst aus. Diese Selbstausbeutung tut langfristig gesehen weder dem Menschen in der Retter-Position gut noch seinen Mitmenschen. Sie belastet seine Selbstbeziehung und die Beziehung zu seinen Mitmenschen. Wer an seiner Position im Drama-Dreieck nichts ändert, wird sich immer wieder in symbiotischen (nicht erwachsenen, abhängigen) Beziehungen wiederfinden.

Blicken wir noch einmal auf die Lagerfeuer-Situation zurück: Wie könnte es der Freund vermeiden, die Retter-Position zu besetzen?

Er könnte der frierenden Freundin mit Empathie begegnen (seine Wahrnehmungen empathisch mitteilen), ohne daraus eine weitere Handlung abzuleiten. „Ja, es ist ziemlich frisch." - und schaut weiter ins Feuer. Oder er fragt sie, was sie von ihm möchte: „Ich sehe, dass dir kalt ist. Kann ich etwas für dich tun?"

Möchtest du helfen, was keineswegs verboten ist, dann könnte die hilfesuchende Person einen Beitrag leisten. Der Freund könnte der Freundin vorschlagen, dass sie schon einmal etwas Holz zusammensucht und sie dann gemeinsam das Feuer neu entfachen.

Abb. 30: Die hilfesuchende Person könnte einen Beitrag leisten

Mit einer solchen Haltung kannst du dich davor schützen, dich von anderen ausnehmen zu lassen. Es geht bei diesem Punkt nicht darum, auch einmal etwas für andere zu tun. Ich decke durchaus gern den

Frühstückstisch und räume ihn auch wieder ab, während meine Freundin die Mahlzeit genießen kann. Ich bereite ihr gern eine Freude oder nehme ihr Sachen ab. **Wenn ich dabei nicht ihre Fähigkeiten abwerte, dass sie es auch selbst tun könnte, hat das nichts mit dem Drama-Dreieck zu tun.**

Manchmal wollen Menschen von mir eine psychologische Beratung oder einen anderen Gefallen haben, den ich von mir aus nicht leisten würde. Dennoch bin ich hilfsbereit. Dann fordere ich sie zur Mitarbeit auf. Leisten sie ihren Beitrag nicht, leiste ich auch nichts weiter. Jemand möchte sich beispiels- weise ein Buch von mir leihen. Dann sage ich ihm, dass er mir eine Erinnerung via E-Mail schreiben soll. Tut er das nicht, kümmere ich mich auch nicht weiter. So gebe ich mir keinen Grund, mich hinterher zu ärgern. Ich achte darauf, dass die hilfesuchende Person einen Beitrag zur Arbeit leistet.

Übernimm keine Aufgaben, die du nicht wirklich tun willst! Es gibt Menschen, die hören sich stundenlang das Gejammer ihrer Freunde und Familienangehörigen an und kommen dabei in Erschöpfungszustände. Du könntest in einer entspannten Situation ankündigen, dass du das nicht mehr möchtest. Es gibt auch überarbeitete Angestellte, die für ihren kranken Kollegen in die Bresche springen und sich auf diese Weise letztendlich selbst ausbrennen. Auch hier lohnt es sich, auf sich zu achten und die eigenen körperlichen Anzeichen wie beispielsweise Unlust oder Müdigkeit ernst zu nehmen.

Menschen, die die Retter-Position besetzen, denken häufig, dass es ohne ihren Einsatz nicht weitergeht. Doch hält dieser Gedanke wahrscheinlich nicht der Realität stand. Er könnte eher eine in der Kindheit entwickelte Eltern-Ich-Haltung sein. Häufig nähren sich Menschen, die retten, von dem Gefühl wichtig zu sein. Ihnen fehlt die innere Legitimation, auch ohne Rettungsaktion ein Okay-Lebensgefühl zu behalten. Gleichzeitig scheuen sie mögliche Konsequenzen einer gesunden Selbstfürsorge, zum Beispiel indem sie mit anderen Menschen die Konfrontation suchen. Sie sind nicht bereit den Preis zu zahlen, für sich selbst einzustehen und ihre eigenen Bedürfnisse ernst genug zu nehmen, um sie anderen zuzumuten.

Es lohnt sich, sich selbst treu zu bleiben (in der Partnerschaft, Familie, bei Freunden und der Arbeit) und nur die Dinge zu tun, die man auch wirklich tun will. Dabei eventuell entstehende unangenehme Gefühle (z. B. Schuldgefühle) sind zunächst normal. „Sie gibt es gratis, wenn man sich persönlich entwickelt", sagte mein transaktionsanalytischer Mentor häufig. Wenn es dir also wieder einmal in den Fingern juckt die Retter-Rolle einzunehmen, kannst du es doch ruhig einmal darauf ankommen lassen und schauen was passiert, wenn du **nicht** eingreifst. Außerdem gibst du damit anderen Menschen die Möglichkeit, ihre Selbstver-antwortung wahrzunehmen.

II. Lösungsansätze für Menschen, die bevorzugt die Verfolger-Position besetzen

Menschen, die bevorzugt die Verfolger-Rolle besetzen, können anfangen, ihre Haltung gegenüber anderen Menschen zu überdenken. Wenn du zum Beispiel mal wieder jemanden für sein Verhalten verurteilst, darfst du schauen, in welcher Situation du dich selbst auch schon einmal so verhalten hast. Die Verfolger-Rolle kann auch als Schutz gesehen werden. Ich schütze mich, indem ich mich überhöhe und andere angreife, um nicht die eigenen Schwächen sehen zu müssen. Echtes Selbstwertgefühl braucht nicht andere klein zu machen, um selbst stabil zu bleiben.

Der Freund, der die zitternde Freundin am Lagerfeuer beobachtet, könnte seine gedanklichen Verurteilungen zunächst aushalten und für sich behalten. Das wäre ein erster wichtiger Schritt zu einem neuen Verhalten. Eine Möglichkeit wäre, wie ein naives Kind zu fragen, warum die Freundin nichts gegen ihr Frieren unternimmt. Vielleicht findet er heraus, dass sie so sehr in ihrem weiblichen Rollenverhalten gefangen ist und deswegen von den anwesenden Männern erwartet, das Feuer neu zu entfachen. Oder sie hat es nie gelernt und traut sich nicht zu fragen.

Abb. 31: Gedankliche Verurteilungen aushalten stellt eine echte Herausforderung für „Verfolger" dar

Menschen, die bevorzugt die Verfolger-Position besetzen, haben die Möglichkeit sich zu fragen: „Wie würde ich fühlen, denken und mich verhalten, wenn ich andere als selbstverantwortlich und in Ordnung betrachten würde?"

In unserem Beispiel könnte er sich auch fragen: „Wenn ich die gleiche Lebensgeschichte wie meine Freundin hätte, wie würde ich mich in dieser Situation verhalten?" Wahrscheinlich genauso. **Denn Menschen treffen immer die bestmögliche Entscheidung, die ihnen zum gegebenen Zeitpunkt möglich ist.**

Für Personen in der Verfolger-Position besteht die Entwicklungsaufgabe darin, ihre überhöhte kritische Position zu verlassen und Empathie und Mitgefühl zu entwickeln. Ihre Herausforderung besteht darin, sich selbst zu schrumpfen, bis sie sich auf einer Augenhöhe mit ihren Mitmenschen befinden. Auf diese Weise können echte Beziehungen zu anderen Menschen entstehen.

III. Lösungsansätze für Menschen, die bevorzugt in die Opfer-Position gehen

Für Menschen, die bevorzugt die Opfer-Position besetzen, ist es wichtig, das eigene Denken sowie Selbstverantwortung zu entwickeln.

Stell dir die frierende Freundin am Lagerfeuer vor, die sich umentscheidet und Selbstverantwortung übernimmt. Sie könnte sich etwas zum Anziehen holen oder das Feuer neu schüren. Falls sie nicht weiß wie es geht, hätte sie die Möglichkeit, den Freund um Hilfe zu bitten. Und zwar ohne mit den Augen zu klimpern und sich kleinmädchenhaft zu benehmen, sondern wie ein erwachsener Mensch, der etwas lernen möchte. Oder sie bewegt sich ein wenig, um wieder warm zu werden.

Abb. 32: Um aus dem Opfer auszusteigen, könnte sie Selbstverantwortung übernehmen

Welche verschiedenen Arten des Denkens bei der Frau am Feuer sind also möglich?

- Unselbstständiger kindlicher Gedanke: „Keiner kümmert sich um mich."

- Unselbstständiger elterlicher Gedanke: „Die Männer sollten das Feuer wieder schüren."

- Selbstständige erwachsene Gedanken: „Ich könnte das Feuer schüren." „Ich frage einen der Anwesenden, wie ich das Feuer schüren kann." "Ich hole mir was Warmes zum Anziehen." "Ich verlasse den Ort, weil ich nichts Warmes dabeihabe und mich sonst erkälte."

Menschen, die häufig die Opfer-Position besetzen, dürfen sich fragen: „Wenn über Nacht ein Wunder geschehen würde und ich selbstverantwortlich denken und handeln könnte: Wie würde ich handeln?

Personen in der Opfer-Rolle haben nicht gelernt Verantwortung zu übernehmen. Oftmals aus der Angst heraus, sie könnten zu viel verlieren - ein Gedanke kindlicher Natur. Du könntest dich fragen: „Welchen Preis bin ich bereit zu zahlen, um ... in mein Leben zu bringen?"

Angenommen du willst Small Talk lernen. Du könntest dich fragen: „Welchen Preis bin ich bereit zu zahlen, um Small Talk erfolgreich anwenden zu können?" Denke dabei an Zeit, Geld, negativ empfundene Emotionen wie Scham, Beziehungen, Risiko des Scheiterns in Prozent oder Überwindung. Du könntest dann zu folgender Aussage kommen: „Mein Preis: Ich übe dreimal pro Woche für eine Stunde. Ich kaufe mir drei Bücher zum Thema und lese diese. Ich bin bereit, meine Angst auszuhalten. Ich nehme das Risiko in Kauf, von anderen zurückgewiesen zu werden. Sollte es mit diesem Preis nicht klappen, buche ich mir ein Praxisseminar. Ich bin bereit, insgesamt 500 Euro in diese Fähigkeit zu investieren. Mein Risiko des Scheiterns schätze ich derzeit auf 80% am Anfang ein. Das bedeutet von 10 Small Talks gelingen mir 2. Aber immerhin werde ich auch zweimal erfolgreich sein. Mit weiterer Übung wird sich meine Prozentzahl verbessern."

Wenn du nichts investieren willst und trotzdem das Ergebnis herbeisehnst, dann befindest du dich wahrscheinlich wieder im Bereich des kindlich

getrübten Denkens. Eine Herausforderung zu überwinden gibt es nicht umsonst. Um sie zu meistern,
musst du bereit sein, auch etwas in die Waagschale zu
werfen. Und wenn es „nur" persönliche Überwindung
ist.

IV. Was tun, wenn du eine Rolle im Drama-Dreieck zugewiesen bekommst?

Wenn dir andere Menschen aus einer der Rollen im
Drama-Dreieck begegnen, kann es schnell passieren,
dass du in die Dynamik des Drama-Dreiecks mit
reingezogen wirst. Das passiert vor allem, wenn du
nicht bemerkst, was vor sich geht. Dann schaffen es
Personen aus der Retter-, Verfolger- oder Opfer-
Position dich zu verwickeln. Das tun sie unbewusst,
genau wie du dich unbewusst verwickeln lässt. Zum
Drama gehören immer zwei Parteien: Eine, die einlädt,
und eine, die die Einladung annimmt.

Mit Kenntnis der Rollen im Drama-Dreieck und vor
allem mit Kenntnis deiner eigenen „Lieblingsrolle"
kannst du Einladungen zum Drama neu begegnen und
einfach nicht mehr mitspielen.

Wir sind vor immer neuen Einladungen kaum gefeit.
Jedoch sind wir lernfähig: Wenn wir der gleichen
Person wieder begegnen, können wir in Zukunft neu
handeln. Ein Beispiel: Sie (war schon bei vielen Ärzten)

zum Doktor: „Was glauben Sie, Herr Doktor, können Sie mir helfen?" Er: „Dafür bin ich Arzt!" Sie: „Was macht Sie da so sicher? Selbstgefällige Ärzte habe ich schon oft genug erlebt!"

Der Arzt hat die Einladung angenommen und beide haben im Endeffekt schlechte Gefühle empfunden. Als lernfähiger Mensch könnte er in Zukunft bei solcherlei Fragen anders reagieren: „Was glauben Sie, Herr Doktor, können Sie mir helfen?" Er: „Das kann ich noch nicht sagen. Ich schlage ihnen Folgendes vor ..."

Paare spielen solche Dynamiken häufig immer wieder durch. Sie gibt sich selbstbewusst und besserwisserisch und bemängelt ständig kleine Dinge an Ihrem Lebensgefährten. Er fühlt sich dadurch in die Opfer-Position eingeladen und bleibt duckmäuserisch und folgsam. In regelmäßigen Abständen reicht es ihm aber und er bricht einen heftigen Streit vom Zaun. Beide wechseln ihre Rollen im Drama-Dreieck.

Würde sich der Lebensgefährte darüber bewusst werden, dass er sich schnell in die Opfer-Position einladen lässt, könnte er Antennen dafür entwickeln und sich heraushalten, beispielsweise durch Rückfragen: „Was willst du mit deiner Kritik erreichen?", „Ich brauche kurze Bedenkzeit, um herauszufinden was ich will" - und vertritt dann diese Position.

6. Vom Geben und Nehmen (von Bernd Taglieber)

Wenn ein Baby auf die Welt kommt, ist es in einer ziemlich misslichen Lage. Es ist total von Versorgung abhängig und wäre ohne Zuwendung nicht überlebensfähig. Dabei gehört es mittlerweile schon zum Allgemeinwissen, dass neben der Versorgung der physischen Bedürfnisse wie Wärme, Essen und Trinken, Hygiene und Unterkunft auch psychische Zuwendung für das Überleben unverzichtbar ist. Unsere Natur sieht vor, dass wir in Beziehung kommen und zu einer Gemeinschaft gehören, um damit mehr Sicherheit zum Überleben zu erlangen. Alle Reflexe, die das Baby mitbringt, dienen diesem Überlebenstrieb.

Die Nachahmung ist dabei von Anfang an eines der stärksten Mittel, in Beziehung zu gehen. Wird das Baby angelächelt, lächelt es zurück, wird es angesprochen, gibt es Laute zurück. Ein sehr großer Teil des kindlichen Lernprozesses besteht aus Nachahmung. Selbst im Erwachsenenleben signalisieren wir unseren Mitmenschen durch Nachahmung und „Gleichklang", dass wir sie sympathisch finden und dass wir uns eine Fortsetzung der Beziehung wünschen. So muten manchmal Verliebte wie Synchronschwimmer an, wenn sie gleichzeitig ihr Glas zum Trinken anheben, gleichzeitig lachen, gleichzeitig die Sitzhaltung wechseln usw.

Das Nachahmen können wir als Übergang vom Nehmen zum Geben verstehen. Ich bekomme ein Lächeln, ich nehme es wahr und gebe es zurück. Dann ist es nur noch ein kleiner Schritt bis hin zur Entdeckung, dass auch der umgekehrte Vorgang funktioniert. Ich gebe ein Lächeln und bekomme ein Lächeln zurück.

Zu Beginn dieses Lernprozesses ist die räumliche und körperliche Nähe unabdingbar, sodass auch das Thema Nähe und Distanz eng mit dem Geben und Nehmen verknüpft ist. Körperkontakt ist quasi der gleichzeitige Austausch von Zuwendungseinheiten (die wir in der Transaktionsanalyse „Strokes" nennen). In der Berührung sind wir nahe, wir sind berührt. Die Distanz beschreibt Situationen, in denen wir entweder keine Zuwendung/Aufmerksamkeit bekommen können oder keine wollen, womit das Thema „Grenzen" ins Spiel kommt. Abgrenzen können wir uns durch entsprechende Signale der Angst oder Wut und durch „in Distanz gehen". Eine andere Möglichkeit der Abgrenzung besteht darin, „nein" zu sagen.

Die Balance zwischen Geben und Nehmen ist ein wichtiger Gradmesser für Beziehungen. Kinder lernen den Umgang damit auf unterschiedlichste Art und Weise kennen. Bleiben ihre Bedürfnisse häufig unbeachtet, werden sie einen dauerhaften Mangel an Zuwendung und Aufmerksamkeit empfinden und sie werden Strategien entwickeln, um diesen Mangel auszugleichen.

Manche entdecken, dass sie mehr Aufmerksamkeit bekommen, wenn es ihnen nicht gut geht. Papa und Mama haben wenig Zeit für mich, aber wenn ich bei Oma bin und mit dem Roller hingefallen bin und mir das Knie aufgeschlagen habe, bekomme ich Süßigkeiten, Omas Zuwendung und darf sogar abends noch länger fernsehen.

Häufen sich diese Erfahrungen, kann das Kind einen Schluss daraus ziehen: „Wenn es mir nicht gut geht und ich etwas brauche, bekomme ich Aufmerksamkeit und Zuwendung." Verkürzt entsteht dabei: Durch „etwas brauchen" (Nehmen) behalte ich Beziehung, oder sie entsteht überhaupt erst.

Diese Präferenz für Nehmen kann durch tausende Variationen ähnlicher Erfahrungen entstehen. Sie kommt durch Häufigkeit oder durch herausragende Einzelerfahrungen zustande. Menschen, die eher nehmen, besetzen auch häufiger die Opfer-Rolle im Drama-Dreieck.

Kommen Menschen mit dieser Präferenz in ihrer Beziehung in Bedrängnis, kann es passieren, dass sie sehr heftig in eine Position der Bedürftigkeit gehen und ihr Gegenüber in eine moralische Zwangslage bringen. Sie können jammernd, fordernd und grollend ihre aussichtslose Situation beweinen: „Ich wollte aus der Wohnung ausziehen, aber dann ist er auf der Treppe gestürzt und ich musste bleiben. Ich kann ihn doch nicht so in der Wohnung zurücklassen."

Andere entdecken die gegenteilige Variante. Sie bemerken, dass sie ihrem Bedürfnis nach Aufmerksamkeit nachhelfen können, indem sie etwas geben. Mama sitzt im Wohnzimmer und weint, weil ihr Mann den Hochzeitstag vergessen hat und zu später Stunde immer noch nicht zu Hause ist. Der kleine Manuel kommt zu seiner Mama und streichelt sie: „Warum weinst du, Mama?" Worauf sie ihm erklärt, dass sie traurig sei, weil der Papa noch nicht nach Hause gekommen ist. Manuel versichert seiner Mama, dass er sie nie allein lassen würde (Geben) und dass er immer für sie da sein wird, auch wenn er mal groß ist. Mama schließt ihn fest in ihre Arme: „Du bist mein großer Liebling. Gut, dass ich dich habe."

Auch diese Szenerie kann in tausendfachen Varianten vorkommen und verstärkt die Präferenz, dass durch Geben eine Beziehung bestehen bleibt oder zustande kommt.

Kinder, die diese Präferenz entdeckt haben, können das Geben in unterschiedlichen Graden ausleben. Von Hinweisen und Orientierungsvorgaben über das Geben von Ratschlägen und Helfen bis hin zu strafenden und verletzenden „Erziehungsmitteln". Menschen, die eher geben, besetzen auch häufiger die Verfolger- oder Retter-Rolle im Drama-Dreieck.

Wenn diese Menschen beziehungsmäßig in Bedrängnis geraten, können sie ihr Gegenüber geradezu in die Nehmen-Position hineinzwängen und nicht mehr herauslassen: „Wenn du dich scheiden lassen willst, werde ich dir das Kind wegnehmen und du weißt ja, dass du ohne mich im Leben nicht zurechtkommst."

Sie sind aufgrund ihrer Erfahrung davon überzeugt, dass eine Beziehung nur durch das Geben Bestand hat. Du kannst dir schon denken, dass diese Idee für einen Partner oder eine Partnerin dauerhaft nicht aufbauend wirkt und die Gefahr groß ist, dass er oder sie sich irgendwann aus diesem Nehmen-Müssen befreit.

Die nachfolgende Grafik beschreibt das polare Gegenüber von Geben und Nehmen im Verhältnis zum Drama-Dreieck als eine gelernte Grundentscheidung. Sie zeigt, welche der gegensätzlichen Formen die **„mehr Sicherheit bietende"** Beziehungsvariante ist:

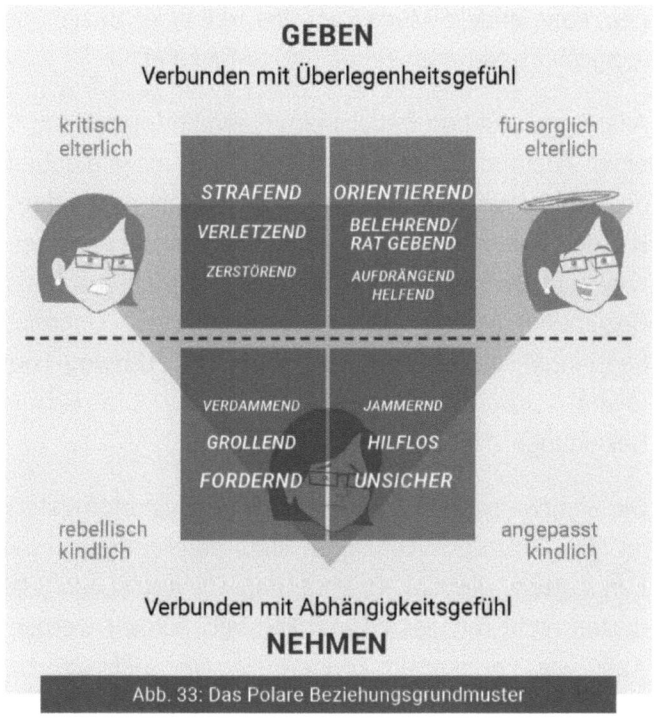

Abb. 33: Das Polare Beziehungsgrundmuster

Was ist die Lernaufgabe für die jeweilige Beziehungspräferenz des Gebens und des Nehmens?

Eigentlich liegt diese Lernaufgabe auf der Hand: Beide Präferenzen können lernen, dass die Einseitigkeit ihres Beziehungsangebots auf Dauer ein Problem darstellt. Um die Einseitigkeit ihrer Beziehungsidee zu erkennen, braucht es die Konfrontation mit der Beziehungsidee der konträren Gruppe. Es ist für Geber erstaunlich und neu, dass andere Menschen das Heil einer Beziehung lediglich im Nehmen sehen und umgekehrt.

Allerdings tauchen Geber beim Nehmen folgerichtig in einen Zustand der Unsicherheit ein, weil sie ja glauben, dass ihre Präferenz die gewünschte Sicherheit bringt. Bei den Nehmern ist es genauso, wenn sie erproben, welchen Beitrag Geben für den Fortbestand ihrer Beziehung stiftet. Um die Phase des „Unhappy Learnings" zu überwinden, kann das **Umweg-Tool** (siehe Kapitel: Grundlagen für Drama-freie Beziehungen) hilfreich sein.

Die Sichtweise des Polaren Beziehungs-Grundmusters ist ein Konzept. Konzepte sind zu verstehen wie Landkarten, die der Orientierung dienen sollen. Sie dürfen nicht mit der Wirklichkeit verwechselt werden. Aber wie Landkarten können sie sehr hilfreich zur Orientierung in der Wirklichkeit sein - sofern sie passen. Wer die nächste Autobahntankstelle sucht, sollte keine Wanderkarte benutzen. Das Polare Beziehungs-Grundmuster ist zu empfehlen, wenn das „Geben und Nehmen in Beziehungen" in den Fokus rückt. Das Drama-Dreieck als Landkarte ist gut für komplexere Beziehungsmuster mit überraschenden Rollenwechseln.

Übrigens: Stabile und andauernde Beziehungen kommen am ehesten durch ein wechselndes Ungleichgewicht von Geben und Nehmen zustande. Ist der Ausgleich immer gleich, geht Spannung verloren. Wachsende Ungleichgewichte sind ein Impuls für Beziehungsaktivitäten.

Damit es überhaupt zu einem wechselnden Ungleich-gewicht kommt, müssen Geber Phasen erleben können, in denen sie überwiegend nehmen und Nehmer Phasen, in denen sie überwiegend geben. Das kann ganz schön herausfordernd sein, wenn du noch keine Erfahrung mit dem gegenteiligen Grundmuster gemacht hast.

7. Hilfreiche Gedanken zur Umsetzung

In diesem Kapitel möchte ich dir ein paar Gedanken an die Hand geben, die dir die Integration des Drama-Dreiecks in dein Leben erleichtern können. Häufig tauchen nach einer kurzen Zeit der Übung Widerstände auf, die es verhindern, dass ein neues Verhalten zur Gewohnheit wird. Einige diese Widerstände möchte ich dir vorstellen.

Du ertappst dich selbst dabei, wie du eine der Rollen im Drama-Dreieck einnimmst?

Abb. 34: Klasse, du bist dir selbst auf die Schliche gekommen

Falls du dir selbst dabei auf die Schliche kommen solltest, wie du eine der Rollen im Drama-Dreieck einnimmst, kann ich nur sagen: „Herzlichen Glückwunsch!" Du bemerkst, was vor sich geht. Du hast nun die Möglichkeit, etwas zu ändern.

Häufig haben wir den Anspruch an uns, dass wir neu Erlerntes sofort und zu 100% umsetzen müssen. Klappt das nicht, geben wir frustriert auf. Doch in Wahrheit funktioniert Selbst-entwicklung anders. Wir dürfen bereits Gelerntes hinter uns lassen, um etwas Neues anzustreben. Und dieser Prozess verläuft meistens nicht von Jetzt auf Gleich. Vielmehr kommst du zum Erfolg, wenn du dir selbst genügend Zeit zum Umlernen einräumst. Damit meine ich zum Beispiel die Beschäftigung mit dem Modell des Drama-Dreiecks, tägliche Reflexion des „Er-lebten", nachträgliche Umentscheidungen für ein neues Verhalten („Wie hätte ich es anders machen können?"), Fehler machen zu dürfen und dabei gnädig zu sich selbst bleiben zu können. Für diesen Prozess hat es sich für mich als sehr hilfreich erwiesen, ein tägliches Journal zu führen. Eine Anleitung dazu findest du unter:
www.no-more-drama.de

Falls du dich immer wieder in ähnlichen oder gefühlt gleichen Situationen verstrickst, dann können wir von einem Teufelskreis sprechen. Ein Teufelskreis ist in meinen Augen ein sicheres Zeichen dafür, dass du dich in einem Verhaltensmuster befindest, welches noch unerkannt ist und noch nicht durchbrochen wurde.

Auf www.no-more-drama.de habe ich für dich ein Arbeitsblatt vorbereitet, mit dem du deine Teufelskreise analysieren und durchbrechen kannst.

In ihrem Gedicht „Autobiographie in 5 Kapiteln" bringt Portia Nelson zum Ausdruck, wie ein Verlauf von Selbstentwicklung aussehen kann:

> I.
> Ich gehe die Straße hinab.
> Im Bürgersteig ein tiefes Loch.
> Ich falle hinein.
> Ich bin am Ende… Ich bin hilflos.
> Aber ich kann nichts dafür.
> Es dauert ewig, hier wieder herauszukommen.

> II.
> Ich gehe die gleiche Straße hinab.
> Im Bürgersteig ein tiefes Loch.
> Ich tue, als sähe ich es nicht.
> Und falle wieder hinein.
> Ich kann nicht glauben, dass ich wieder drinstecke.
> Aber ich kann nichts dafür.
> Und wieder dauert es lange, bis ich herauskomme.

> III.
> Ich gehe die gleiche Straße hinab.
> Im Bürgersteig ein tiefes Loch.
> Ich sehe, dass es da ist,
> Und ich falle wieder hinein… Es ist schon
> Gewohnheit.
> Meine Augen sind auf.
> Ich weiß, wo ich bin.
> Ich kann sehr wohl etwas dafür.
> Ich steige sofort aus.

IV.
Ich gehe die gleiche Straße hinab.
Im Bürgersteig ein tiefes Loch.
Ich gehe drum herum.

V.
Ich gehe eine andere Straße hinab.

Der Anspruch, dass „alles" auf Anhieb klappen muss,
gehört wahrscheinlich eher zu den unechten (kindlich
getrübten) Gedanken. Du kannst sie transformieren.

Es kann entspannend sein, das Gedicht von Portia
Nelson im Hinterkopf zu behalten. Also geh ruhig noch
einmal die gleiche Straße hinab, so lange, bis du dich
entscheidest, eine andere Straße hinabzugehen.

Abb. 35: Du kannst dich
umentscheiden

Warum Veränderung häufig so schwierig ist

Manchmal löst ein Ausstieg aus dem Drama-Dreieck das Drama nicht auf, sondern verstärkt es. Wenn ein ehemaliges Opfer Verantwortung übernimmt und aktiv wird, ein ehemaliger Retter eine neue Haltung von „Das ist nicht mein Problem" einnimmt oder ein ehemaliger Verfolger mit dem Anklagen aufhört und stattdessen bei sich bleibt, kann es passieren, dass die Beteiligten sich dem starkem Druck ausgesetzt fühlen, ihre Rollen im Drama-Dreieck wieder einzunehmen. Manche Partnerinnen oder Partner, Arbeitskollegen oder Freunde können verunsichert auf deine Veränderung reagieren. Sie können vielleicht selbst nicht in ihren Lieblingspositionen bleiben, wenn du die Drama-Beziehung verlässt, indem du **keine** der Positionen besetzt. Sie legen dann aus ihrer jeweiligen Rolle heraus „noch eine Schippe drauf", um dich wieder so zu bekommen, wie sie dich kennen. Es kann mitunter viele kleine Schritte brauchen, bis man nach und nach eine langjährige Drama-Beziehung transformiert hat.

Wenn du dich entscheidest, dich neu zu verhalten, dann hat das einen Effekt auf deine Umwelt. Du tust es in einem sogenannten System. Wir können ein System vereinfacht als das Zusammenwirken zwischen dir und deinen Mitmenschen bezeichnen. Ein System funktioniert nicht zufällig, sondern nach bestimmten Prinzipien. Wenn du diese Prinzipien kennst, wunderst du dich nicht mehr, warum dein bester Freund deine neue Entwicklung vielleicht mit Skepsis beobachtet, während du von deinen Fortschritten ganz entzückt bist.

Ein wichtiges Prinzip lautet: **„Systeme haben die Tendenz sich selbst zu stabilisieren."** Bevor du dich entschieden hast, dich auf neue Weise zu verhalten, war dein System stabil. Deine Mitmenschen wussten dich einzuschätzen. Nun hast du vielleicht dieses Buch gelesen und dich aufgrund der dargebotenen Informationen entschieden, etwas zu ändern. Die Änderung wird selbstverständlich sofort von deinen Mitmenschen bemerkt. Das System hat nun zwei Möglichkeiten, um sich erneut zu stabilisieren:

a) Es zieht dich an deinen alten Platz zurück.

b) Es unternimmt eine Anstrengung und passt sich an dein neues Verhalten an.

Systeme sind energieeffizient. Das bedeutet, dass sie die kleinstmögliche Anstrengung unternehmen, ihr Ziel zu erreichen. Und was glaubst du, welche die kleinstmögliche Anstrengung des Systems ist, sich zu stabilisieren, nachdem du es mit einem neuen Verhalten destabilisiert hast? Richtig, es versucht, dich zurück an deinen alten Platz zu ziehen.

Beispiel: Was sagt wohl der Stammtisch zu einem der Mitglieder, wenn es sagt: „Ich trinke jetzt keinen Alkohol mehr." Wahrscheinlich wird ihm niemand dazu gratulieren. Eher wird argwöhnisch gefragt und versucht, den Ausreißer mit „nur einem Bierchen" zurück ins System zu ziehen.

Der gleiche Mechanismus wirkt auch wesentlich subtiler. Wenn du dich beispielsweise dafür entscheidest, auf die Provokationen deines Vaters nicht mehr einzugehen, kann es sein, dass er umso heftiger provoziert. Oder du nimmst dir vor, etwas selbstständiger zu werden, und planst eine Aktivität ohne deinen Partner. Er könnte schon zur Stelle sein und dein neues Verhalten kritisch hinterfragen.

Es geht nicht darum, den Mitmenschen böse Absichten zu unterstellen. Vielmehr handelt es sich um eine neutrale Eigenart von Systemen. Ein System hat einfach seine eigenen Dynamiken, nämlich mit möglichst wenig Aufwand stabil zu bleiben. Ich glaube, es ist von Vorteil, diese Eigenart im Hinterkopf zu behalten. Wenn du vorhast dich zu verändern, kannst du jetzt gelassener bleiben, wenn dein Umfeld kritisch auf dich reagiert.

Die zweite Möglichkeit des Systems besteht darin, sich zu verändern. Schafft es ein System nicht, dich an deinen alten Platz zurückzuziehen, wird es eine Dynamik entwickeln, sich zu ändern. An diesem Punkt kommt ein weiteres Prinzip von Systemen zu tragen: **„Verändert sich etwas im System, verändert sich das ganze System."** Du hast es geschafft, dem Sog deiner Mitmenschen zu widerstehen, und hast eine echte Veränderung herbeigeführt? Das System wird sich nun anpassen, indem es sich als Ganzes ändert. Im Fall unseres Stammtisch-Beispiels könnte es sein, dass auch andere mit dem Trinken aufhören. Oder du verstehst dich auf einmal besser mit den Leuten vom Schach-Club, weil du bemerkst, dass deine alten

Freunde und dich außer dem Alkohol nicht so viel verbunden hat.

Einer meiner Freunde war Sport-Profi. Sein ganzes Leben drehte sich um Basketball. Auch seine engsten Freunde waren Basketballer. Aufgrund einer Knieverletzung musste er mit dem Sport aufhören. Er fing an, sich für neue Sachen zu interessieren - Reisen zum Beispiel. Das war eine Systemänderung. Nach und nach bemerkte er, dass er mit manchen seiner bisher engsten Freunde nicht mehr so viel anfangen konnte. Dafür hatte er neue Freunde gefunden, mit denen er sich über das Reisen und alternative Lebensgestaltung unter-halten konnte. Das ganze System hatte sich verändert.

Es passieren die verrücktesten Sachen, wenn sich das System ändert. Menschen kommen sich näher oder entfernen sich auch voneinander. Es ist nicht vorhersehbar oder gar planbar, welche Veränderungen stattfinden. Bisher hört sich das nicht unbedingt erstrebenswert an.

An dieser Stelle möchte ich noch ein weiteres Prinzip von Systemen erwähnen. **„Entwickelt sich ein Mensch, verändert sich sein System tendenziell und langfristig gesehen zu dessen Gunsten."** Selbst wenn eine Systemänderung im ersten Augenblick als nicht erstrebenswert oder gar schädlich erscheint, sind die langfristigen Folgen meist positiver Natur für den sich Entwickelnden.

Beispiel: Eine Frau hat einen persönlichen Fortschritt gemacht, der ihrem Partner gar nicht gefällt. Deswegen beendet er die Beziehung. Sie ist zunächst niederge-schlagen und weiß nicht, was sie davon halten soll. Ein paar Monate später lernt sie einen neuen Mann kennen, der ihr neues Ich inklusive der persönlichen Entwick-lung zu schätzen weiß. Sie erfährt zum ersten Mal eine Partnerschaft auf einem ganz neuen Qualitäts-Level.

Dass sich das System zu deinen eigenen Gunsten entwickelt, könnte ein wenig egoistisch klingen. Es ist nicht egoistisch. Denkt jeder auch an sich, ist an alle gedacht. Jeder ist für sein Glück selbst verantwortlich. Keinem wird es von außen serviert. Da ist es doch besser, dass du den Job der Selbstfürsorge übernimmst. Denn keiner kennt dich besser, als du dich selbst kennenlernen kannst. Du darfst dich also um dich selbst kümmern. Du bist ab heute dein eigener Lebensglück-Beauftragter.

Menschen, die sich persönlicher Entwicklung verweigern und sich ihr entgegenstellen, haben häufig die schwierigsten Zeiten. Es sind jene, die auch nach Jahren noch mit den gleichen Themen hadern. Lass sie schimpfen und freue dich über deine Fortschritte.

Abb.36: Du wirst mehr erreichen, wenn du dich deinen eigenen Entwicklungsthemen widmest, statt zu schauen, was andere machen

Warum es lohnenswert sein kann, sich mit einem Konzept über einen längeren Zeitraum zu befassen

Es gibt Menschen, die ein Selbsthilfebuch nach dem anderen konsumieren und einen Kurs nach dem anderen besuchen. Dabei lernen sie tolle Techniken und viele Modelle kennen, was durchaus hilfreich sein kann. Doch haben sie die Techniken und Modelle häufig nicht **„er-lebt"** oder anders formuliert: Sich zu eigen gemacht. Es wird viel konsumiert, aber nur wenig oder nicht in die Tiefe gegangen - dort, wo die eigentliche Arbeit zu tun ist. Es ist so, als drehe man nur den Globus, ohne aber jemals in die Welt hinauszugehen. Es bleibt bei oberflächlichen Erkenntnissen, die bestenfalls vergeistigt bleiben, aber nicht in die eigene Persönlichkeit integriert wurden.

Oft ist es dann auch so, dass solche Menschen psychologische Techniken und Ansätze zur Rechtfertigung ihrer eigenen Themen verwenden. „Ich hatte eine schwierige Kindheit, deswegen bin ich so." oder „Ich hatte mal ein schlimmes Erlebnis, das war so prägend." Die Vielzahl an psychologischen Ansätzen hält Menschen häufig davon ab, mit der eigentlichen Arbeit zu beginnen. Sie überblicken den ganzen See, doch sind nie in ihm getaucht. In meinen Augen bringt es den meisten Erfolg, eine Zeit lang mit einem Ansatz/Konzept zu gehen. Gefällt mir ein Modell, dann lese ich mich tiefer ein und fange an, es in die Praxis zu bringen. Das Drama-Dreieck begleitet mich jetzt schon seit vielen Monaten. Inzwischen springen mich die Rollen des Drama-Dreiecks, die ich und andere einnehmen, in den unterschiedlichsten Situationen förmlich an. Es braucht meiner Meinung nach nur wenige gute Modelle, um einen Großteil seiner persönlichen Herausforderungen bewältigen zu können. Mein Credo lautet: Eher Tiefe als Breite.

Stell dir einmal vor, du suchst dir vier Modelle aus und verpflichtest dich, jedes für nur drei Monate eine halbe Stunde täglich intensiv zu studieren und anzuwenden. Ich behaupte, dass du nach einem Jahr mehr psychologische Praxis hättest als ein Absolvent eines Psychologie-Studiums.

8. Ein Leben ohne Drama

Viele Menschen behaupten, dass ein Leben ohne Drama doch irgendwie langweilig sei. Sie haben dann noch keine Vorstellung davon, wie es sein könnte, wenn man kein Drama mehr braucht und trotzdem alle Bedürfnisse nach Aufmerksamkeit befriedigt werden. Wer für sich erkannt hat, wie kräftezehrend das ewige Hin und Her nicht konstruktiver Kommunikations-muster sein kann und wie sehr uns solche Beziehungsmuster vom Wesentlichen abhalten, der weiß Beziehungen außerhalb des Drama-Dreiecks zu schätzen. Die Aussichten auf ein Miteinander, bei dem es um Wesentliches und Schöpferisches geht, sind einfach attraktiver.

Ein Leben ohne Drama bedeutet keinesfalls, dass es keine Spannung mehr gibt oder dass es gar langweilig wäre. Das Gegenteil ist eher der Fall. Menschen, die sich aus Drama-haften Beziehungen heraus entwickeln, haben häufig Verantwortung für ihre Entwicklung übernommen und das immer gleiche Fahrwasser von Beziehungsverstrickungen verlassen. Sie haben Alternativen zur Erschöpfung im Beziehungs-Drama entwickelt. Sie haben sich vielleicht schon ein gutes Stück gefunden oder sind auf dem Weg dorthin und konzentrieren sich auf ihre Herzensangelegenheiten, welche ihnen echte und nachhaltige Freude bereiten.

Solche Menschen philosophieren leidenschaftlich mit ihrem Partner über die nächsten Entwicklungsschritte, haben ihren Finger am Puls des Lebens und können gleichzeitig in tiefer Vertrautheit mit ihrem Partner leben. Sie haben echtes Selbstwertgefühl entwickelt, wissen schon ein wenig besser, wer sie tatsächlich sind und lassen sich nicht mehr so leicht aus der Bahn werfen. Sie können offen und direkt miteinander sprechen. Menschen mit Selbstwertgefühl können sagen, was sie fühlen, denken und wollen und dabei die Würde des anderen respektieren. Selbstbewusste Kommunikation ist positiv, direkt, verbindend und echt. Echtes Selbstwertgefühl basiert auf:

- Selbstrespekt - in Form von Sorge für sich selbst tragen

- Respekt für andere - andere als in Ordnung anerkennen

- Respektvolle Kommunikation - wertschätzende und ehrliche Kommunikation

Die Ehrlichkeit beider Partner ist nicht immer leicht zu handhaben, doch vertieft sie die Beziehung und das gegenseitige Vertrauen. Diskussionen sind bereichernd und bringen einander näher und persönlich voran. Anstatt zu rangeln und sich gegenseitig im Weg zu stehen, wird die individuelle Richtung des Partners zugelassen und vielleicht sogar gefördert. Es gehen zwei Individuen Hand in Hand, weil sie es wollen und nicht, weil sie symbiotisch aufeinander angewiesen sind. Dabei können sie spannende Abenteuer erleben.

Ich kenne ein Paar, das gerade einen alten gelben Schulbus als neue Wohnung ausbaut. Ein anderes Paar reist mit dem kleinen Sohn um die Welt. Und wieder ein anderes Paar hat ein sehr erfolgreiches Unternehmen aufgebaut. Sie haben wahrscheinlich alles andere als ein langweiliges Leben und verzichten weitestgehend auf Drama.

Ich hoffe, diese Beispiele entkräften das Argument, dass es ohne Drama doch ziemlich langweilig wäre. Und auch meine eigenen Erfahrungen bestätigen mir, dass Drama-frei nicht gleichzusetzen ist mit Langeweile. Ich finde es sehr angenehm, wenn Dinge klar geregelt sind, beide Partner in gleichen Teilen Verantwortung für die Beziehungsgestaltung über-nehmen und wir respektvoll miteinander umgehen. So kann sich unsere Freude aneinander mehren und ein harmonischeres Zusammenleben stattfinden, bei dem beide ihre Interessen gleichermaßen berücksichtigt finden - ohne sich dem anderen zuliebe zurückzuhalten, sondern völlig frei und offen.

Wenn du die hier dargestellten Inhalte in deine Lebenspraxis integrierst, hast du die Möglichkeit, deine Beziehungen, ob beruflicher oder privater Natur, vom Drama zu befreien. Was kannst du nun also konkret dafür tun?

- Falls du es noch nicht getan hast, lade dir die Praxisübungen herunter und bearbeite sie. Die Übungen helfen dir dabei, die Buchinhalte auf deine eigene Lebenspraxis zu übertragen. Praxis stellt einen essentiellen Schritt der Selbstentwicklung dar. Und solltest du dir jetzt sagen: „Ja, das mache ich dann demnächst." - dann weißt du, dass dein eigenes psychisches System sich stabil halten will. Du bewahrst dich quasi selbst vor Veränderung. Nimm dich ernst genug und lade dir die Übungen herunter. Sie sind kostenlos. Hier findest du sie: www.no-more-drama.de

- Sei dir wichtig genug, ein tägliches Journal zu führen, indem du deinen Tag in Bezug auf das Drama-Dreieck reflektierst. Eine Anleitung, wie du ein professionelles Journal führst, findest du ebenfalls unter: www.no-more-drama.de. Führe es mindestens eine Woche lang und bleibe geduldig mit dir. Es kann sein, dass dir in den ersten Tagen noch gar nichts auffällt. Aber nach und nach wirst du immer besser bemerken, was vor sich geht. Dein Journal wird dir dabei helfen.

- Schreibe mir deine Fragen, Kritik, Lob und Erfolgsgeschichten! Ich beantworte jede E-Mail persönlich. So reflektierst du beim Schreiben deine eigenen Erlebnisse und trittst persönlich mit mir in Kontakt. Du kannst auch ein Review auf Amazon schreiben. Tatsächlich steckt dahinter eine Übung. Die meisten Menschen schreiben mir

nicht. Sie schaffen den Sprung vom Lesen zum Handeln nicht und belassen es bei intellektueller Bereicherung. Sei anders und zeige es mir, indem du aktiv wirst:
support@ta-plus.de

Ich wünsche dir viel Erfolg bei der Umsetzung und freue mich darauf, von dir zu hören.

Du willst noch mehr?

Das Drama-Dreieck, das den Schwerpunkt in diesem Buch bildet, ist Bestandteil der psychologischen Richtung Transaktionsanalyse (TA). Bereits am Anfang des Buches erwähnte ich, dass die TA für mich zu einem Lebensweg geworden ist. Denn sie bietet noch so viel mehr wertvolle Konzepte zur Lebensgestaltung: Klärung deiner Innenwelt, Analyse und Veränderung von Kommunikation, Gefühle verstehen und zu mächtigen Verbündeten machen.

Deshalb haben mein TA-Kollege Jürg und ich den Online-Grundkurs Transaktionsanalyse erstellt. Über anderthalb Jahre Entwicklungszeit stecken in diesem geballten Wissenspaket, bestehend aus Lernvideos und Übungen. Mit ihm steigst du tief in die Transaktionsanalyse und ihre Konzepte ein, um deine Lebensbereiche zu transformieren. Hier ist ein Link mit mehr Infos für dich:

www.TAplus.de/grundkurs-transaktionsanalyse

Verwendete Quellen

9. Verwendete Quellen

Berne, E. (1970): „Spiele der Erwachsenen"

Cornell, W.F. (2016): „Into TA"

English, F. (2005): „Fanita English live: Von Freud zu Berne, zentrale Konzepte der Transaktionsanalyse, Englishs Theorie der Ersatzgefühle, der drei Triebe u.a."

Gührs, M. & Nowak, C. (2014): „Das konstruktive Gespräch: Ein Leitfaden für Beratung, Unterricht und Mitarbeiterführung mit Konzepten der Transaktionsanalyse"

Karpman S.B. (1970): „Fairy tales and script drama analysis" von Transactional Analysis Bulletin, 7(26)

Karpman S.B. (2007): „The new drama triangles" aus USATAA/ITAA conference lecture

Schlegel, L. (1993): „Handwörterbuch der Transaktionsanalyse"

Steiner, C. & Mitzlaff, S. (1998): „Wie man Lebenspläne verändert."

Steward, I. & Joines, V. (2000): „Die
Transaktionsanalyse - Eine Einführung"

Gührs, M. & Nowak, C. (2014): „Das konstruktive
Gespräch: Ein Leitfaden für Beratung, Unterricht
und Mitarbeiterführung mit Konzepten der
Transaktionsanalyse"

Eigene Unterlagen

Über den Autor

Steffen Raebricht

Steffen Raebricht (1985) ist studierter Bildungs-/Erziehungswissenschaftler (M.A.), Heilpraktiker für Psychotherapie, NLP-Trainer und Transaktionsanalytischer Berater. Mit über 11 Jahren Erfahrung als Führungskraft sowie einer zweijährigen Weltreise versteht er es, Theorie in die Praxis umzusetzen und dabei Herausforderungen zu bewältigen.

Auf seiner Webseite (www.TAplus.de) ermöglicht er Menschen den Einstieg in die psychologische Richtung der Transaktionsanalyse.